Hartmut Aufderstraße
Jutta Müller
Thomas Storz



# Miteinander

Selbstlernkurs Deutsch für Anfänger

Yeni Başlayanlar Için Kendi Kendine
Almanca Öğrenme Kursu



Hueber Verlag

Çeviren ve editörlüğünü yapan Gökalp ve Dr. Ayşen Bayramlı

Fachliche Beratung
*Andrea Hammann,* Goethe-Institut Zentrale
*Ursula Berriane,* Lehrkraft am Goethe-Institut Rabat
*Valentina Kisseljowa,* Lehrkraft am Goethe-Institut Moskau
*Jaruda Petchakul-Liu,* Lehrkraft am Goethe-Institut Bangkok
*Pinar Yaman-Cicekci,* Lehrkraft am Goethe-Institut Ankara
Wir danken allen Kolleginnen für die fachliche Beratung und die sprachliche Durchsicht.
Wir danken Frau Nuray Köse, Goethe-Institut Izmir, für die Unterstützung bei der Erarbeitung des Übungstests zur Prüfung *Start Deutsch 1* in diesem Band.



3. 2. 1. | Die letzten Ziffern
2016 15 14 13 12 | bezeichnen Zahl und Jahr des Druckes.
Alle Drucke dieser Auflage können, da unverändert, nebeneinander benutzt werden.
1. Auflage

Covergestaltung: creative partners gmbh, München
Coverfoto: © Florian Bachmeier, München / Madrid
Organisation Coverfoto: Iciar Caso, Weßling
Zeichnungen: Gisela Specht, Weßling
Layout und Satz: Sieveking print & digital, München
Reproarbeiten: Reproline mediateam, Unterföhring
Druck und Bindung: Himmer AG, Augsburg
Printed in Germany
ISBN 978–3–19–109509–3

Sevgili öğrenci,

Bu kitap ve dört CD ile siz ufak ve başarılması kolay adımlarla günlük durumlarda Almanca iletişim kurabilecek duruma geleceksiniz. Beş tane beş bölümlük bölümleri ve son beş bölümde öğrendiklerinizi derinleştiren Geriye Bakış'ları çalıştıktan sonra, "Start Deutsch 1" sınavını başarıyla geçecek seviyeye ulaşacaksınız (Bu sınavın tam olarak nasıl olacağını son Geriye Bakış'tan sonra yer alan alıştırma sınavında öğreneceksiniz.)

Her zaman talimatlara tam olarak uyduğunuz durumda, soruların kolay bir şekilde çözülebilecek olduklarını göreceksiniz. Ne kadar hata yaptığınız ve gramerden ne kadar anladığınız o kadar önemli değil. Çok daha önemli olan, hatta başarınız için belirleyici olan, kitaptaki ve CD'deki bütün alıştırmaları kendinizi rahat hissedene kadar tekrar etmeniz.

Kitapta yer alan soruların cevaplarını sayfa 237'deki çözüm anahtarında bulabilirsiniz. Lütfen her zaman önce soruları cevaplayın ve sonra doğru olup olmadığını çözüm anahtarıyla kontrol edin. Bir soruyu çözemediğinizde lütfen daha sonra tekrar yanıtlamaya çalışın - en doğrusu yanıt bulana kadar denemenizdir.

"Miteinander" ile Almanca öğrenmede iyi eğlenceler ve başarılar dileriz.

Yazarlar ve Hueber Yayınevi

# Inhalt
## İçindekiler

# Erste Begegnung mit der deutschen Sprache

## Almanca'yla İlk Karşılaşma

### 1 Neleri anlayabiliyorsunuz?

- Sayfadaki fotoğraflara bakınız.
- Neleri tanıyabiliyorsunuz?

3 Kaffee

2 Limonade

1 Telefon

4 Hotel

5 Bank

6 Polizei

7 Taxi

8 Bus

### 2 CD'yi takınız.

CD 1
Track
1 – 2

- Kelimelerin nasıl telaffuz edildiklerini dinleyin.
- Kelimeleri tekrarlayın.
- Birkaç defa dinleyin ve tekrarlayın.
  Bu şekilde kelimelerin Almanca'daki telaffuzuna alışacaksınız.

## 3 Deutschland, Österreich und die Schweiz

Almanya, Avusturya ve İsviçre

- Haritaya bakınız.
- Belki birkaç şehri zaten tanıyorsunuz.

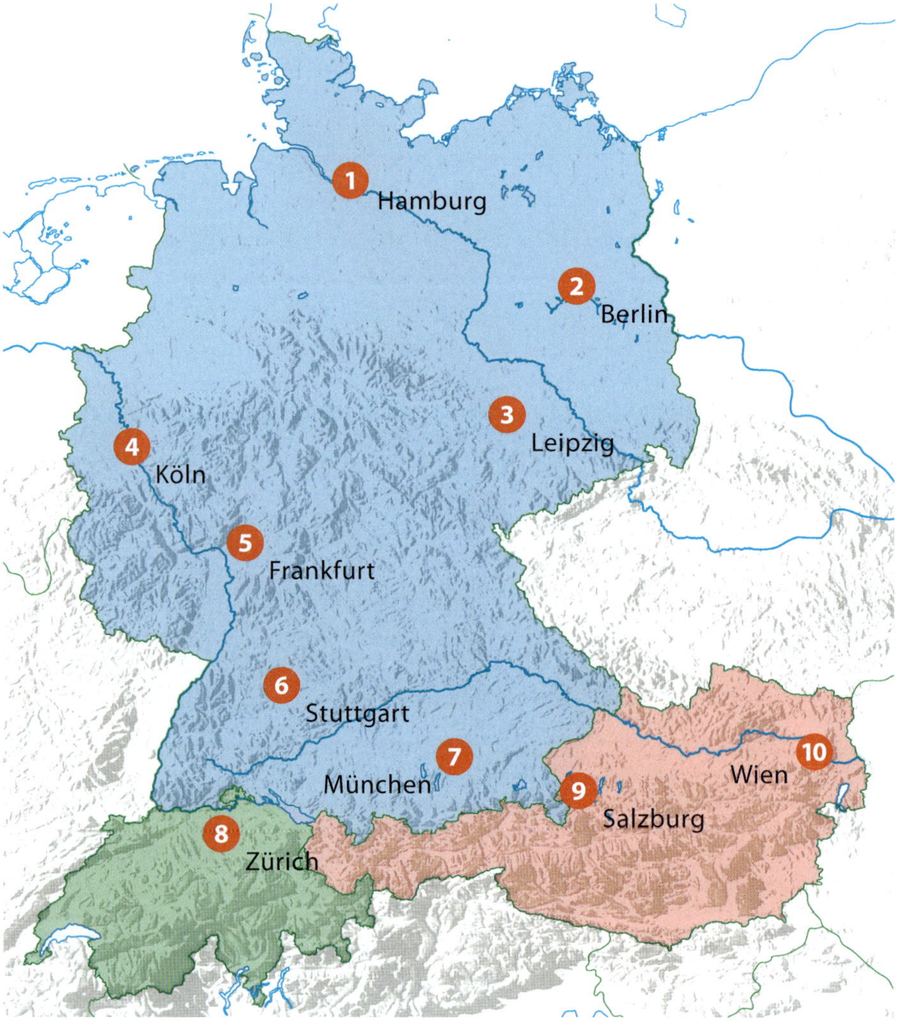


## 4 CD'yi takınız.

CD 1 Track 3 – 4

- Şehir isimlerinin nasıl telaffuz edildiğini dinleyin.
- Kelimeleri tekrarlayın.
- Birkaç defa dinleyin ve tekrarlayın.

## 5 Birkaç faydalı bilgi

- Almanca, Almanya'da, Avusturya'da, İsviçre'nin bir bölgesinde ve Avrupa'nın birkaç ülkesinde konuşulur.
- Almanya orta büyüklükte bir ülke. Arabayla kuzeyden güneye yaklaşık 12 saat içerisinde geçilebilir.
- Avusturya ve İsviçre'nin büyük bölümleri Alp Dağlar'ında yer alır.
- Bu ülkelerde iklim ılımlıdır. Yaz aylarında Doğu Baltik Deniz'de yüzülür, kış aylarında Alp Dağlar'ında kayak yapılabilir.
- İklimin tarıma uygun olmasına rağmen nüfusun büyük kısmı şehirlerde yaşıyor ve çalışıyor.
- Çalışan kesimin çoğunluğu pazartesinden cumaya kadar çalışır ve haftasonlarında (cumartesi ve pazar) dinlenir. Normalde alışveriş yapılabilir. Neredeyse bütün dükkanlar pazar günleri kapalıdır.

## 6 Şehir manzaraları

CD 1
Track
5

- En büyük dört şehrin fotoğraflarına bakınız: Berlin, Hamburg, Münih ve Viyana.
- CD'den bu şehirler hakkında birkaç bilgi dinleyiniz.

## 7 Alman alfabesi

### a. Alman alfabesinde yer alan harflerin özet tablosuna bakınız.

| | | | | | | |
|---|---|---|---|---|---|---|
| A a | B b | C c | D d | E e | F f | G g |
| H h | I i | J j | K k | L l | M m | N n |
| O o | P p | Q q | R r | S s | T t | U u |
| V v | W w | X x | Y y | Z z | | |

- Her harf iki şekilde karşınıza çıkabilir: büyük veya küçük harf olarak.
- Büyük harfle başlayan kelimelerden örnekler: cümlenin başı, özel isimler, kişiler ve eşyalar: Berlin, Anna, Taxi … Almanca'da isimler her zaman büyük yazilir.

CD 1 Track 6 – 7

### b. CD'yi takınız.

- CD'deki telaffuzu dinleyin ve okuyarak takip edin.
- Bir daha dinleyin ve her harfi tekrarlayın.
- Bunu birkaç defa tekrarlayın.

### c. Aşağıdaki dört harf Almanca'ya özel.

Ä ä     Ö ö     Ü ü     ß

CD 1 Track 8

- CD'deki telaffuzu dinleyin ve okuyarak takip edin "ß" harfi, kelime başında kullanılmadığı için, sadece küçük hali vardır.

## 8 Özel isimli alıştırma

CD 1 Track 9 – 10

- Diliniz Almanca'daki seslere alışması için kadın ve erkek isimlerini tekrarlayabilirsiniz.
- CD'yi dinleyin ve istediğiniz kadar çalışın.

Anna Bea
Dörte Eva
Gerda Hanna
Käte Lisa
Petra Romy
Susi Zita

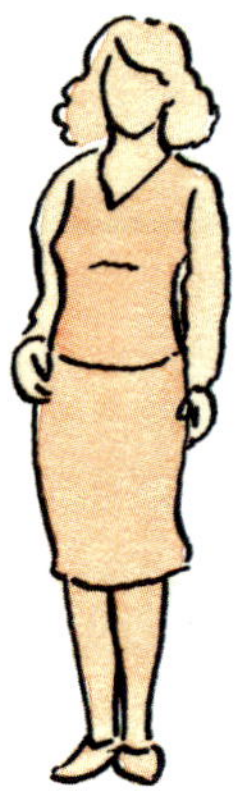

Arno Carl
Frido Günter
Hasso Jörg
Klaus Lutz
Max Otto
Udo Willi

CD 1 Track 11 – 12

## 9 1'den 10'a kadar rakamlar

**a. Önce CD'den 1'den 3'e kadar rakamları dinleyin.**

- Her rakamı tekrarlayın.
- Kendinizden emin olana kadar üç rakamı ard arda sayınız.

CD 1 Track 13 – 15

**b. Şimdi CD ile 1'den 5'e kadar rakamları çalışın.**

- Yine her rakamı tek başına, sonra beraber tekrarlayın.

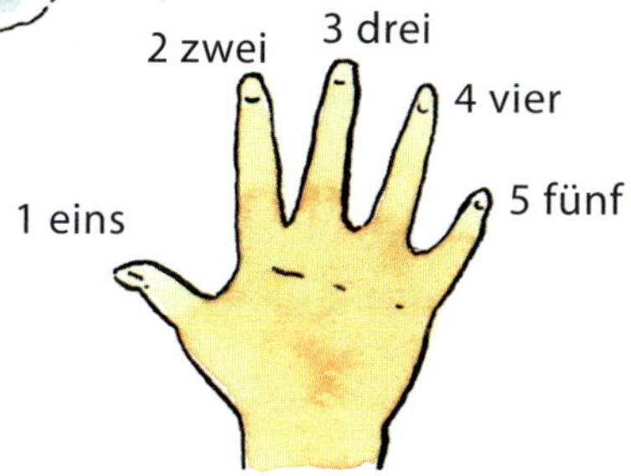


CD 1 Track 16 – 18

**c. Şimdi CD'den 1'den 7'e kadar rakamları dinleyin ve çalışın.**

1 eins 2 zwei 3 drei 4 vier 5 fünf 6 sechs 7 sieben

CD 1 Track 19 – 21

**d. Şimdi CD'ile 1'den 10'a kadar rakamları çalışın.**

1 eins 2 zwei 3 drei 4 vier 5 fünf 6 sechs 7 sieben 8 acht 9 neun 10 zehn

CD 1 Track 22

## 10 Rakamları anlamak

- CD'deki rakamları dinleyin.
- Duyduğunuz rakamı işaretleyin. ☒
- Birinci kutuda örnek olarak bir cevap verilmiştir.

**A** 1 2 3 4 ~~5~~ (X)
6 7 8 9 10

**B** 1 2 3 4 5
6 7 8 9 10

**C** 1 2 3 4 5
6 7 8 9 10

**D** 1 2 3 4 5
6 7 8 9 10

**E** 1 2 3 4 5
6 7 8 9 10

- Cevaplarınızı 237. Sayfadaki cevap anahtarı ile karşılaştırın.

## 11 Der – die – das

- Almanca Gramerin'de her kişi ve eşya bir cinsiyete sahip: eril, dişi ve nötr.
- Örnek olarak: Kaffee eril, Bank dişi ve Taxi nötr.
- Cinsiyet "Artikel" isimli kısa bir kelimeyle gösterilir. Artikeller şunlar: der (eril) die (dişi) das (nötr)

der Kaffee
kahve

die Bank
banka

das Taxi
taksi

CD 1
Track
23 – 24

- Kelimeleri CD'den dinleyin ve tekrarlayın.
- Bunu birkaç defa tekrarlayın.

**Öğrenme ipucu:**

- Kelimleri her zaman anlamlarıyla ve artikel'leri ile beraber öğrenin.
- Bu, düzgün cümle kurabilme ve doğru anlaşılma için önemlidir.

## 12 Kitabın yapısı ile ilgili

**Kitabın kolay ve anlaşılır bir şekilde oluşturulduğunu hızlıca anlayacaksınız.**

- Her bölüm aynı şekilde 6 sayfa içerisinde düzenlenmiştir.
- İlk sayfada bölümün konusu ve öğrenme hedefleri tanıtılır.
- İkinci sayfada yeni kelimeler ve cümle yapıları sunan resimli bir hikaye bulacaksınız.
- Üçüncü sayfada resimli hikayeyi anlamanız için çeviri yardımı bulacaksınız.
- Dördüncü ve beşinci sayfada ilave kelimeler ve değişik alıştırmalar bulacaksınız.
- Altıncı sayfada öğrenilenler hakkında bir özet yer alıyor ve ayrıca konuyla ilgili ülke hakkında bilgi yer alıyor.
- Her beş bölümden sonra ek bir bölüm geliyor. Burada öğrenenler özetlenir, daha detaylı bir şekilde anlatılır ve alıştırma yapılır.

**Öğrenme ipucu:**

- En baştan her yeni kelimeyi ve ifadeyi küçük bir kağıda veya kartona yazınız. Çevirisini arka tarafa yazınız.
- Kelimeleri düzenli aralıklarla tekrarlayın – bir defasında Almanca'dan bir defasında çeviriden yola çıkarak.
- Bir kelime hakkında kendinizi çok emin hissettiğinizde kağıdı çıkartabilirsiniz.

**Almanca öğrenmenizde iyi eğlenceler ve başarılar dileriz!**

# Zum Bahnhof, bitte.
## Tren istasyonuna lütfen.

### Bu bölümde öğrenecekleriniz:
- Bir taksiciye nereye gitmek istediğiniz nasıl anlatılır?
- Nasıl merhabalaşılır ve nasıl vedalaşılır?
- Nasıl teşekkür edilir?

### Faydalı kelimeler
- Aşağıdaki resimlere bakın.
  Bir sonraki sayfada yer alan resimli hikâyeyi daha iyi anlamak için size üç tane faydalı kelime gösteriliyor.

das Taxi
taksi

der Bahnhof
tren istasyonu

der Euro
Euro

CD 1
Track
25 – 26

- Bu kelimelerin telaffuzunu CD'den dinleyin.
- Kelimeleri tekrar edin.

## 1 "Tren istasyonuna lütfen."

- Sırayla dört resme bakın.
- Her resimde olan biteni hayal etmeye çalışın.
- Kişilerin neler söyleyebileceklerini düşünün.

A

B

C

D

CD 1 Track 27

## 2 CD'deki hikâyeyi dinleyin.

- Hikâyeyi birkaç defa dinleyin.
- Sessizce okuyarak takip edin.
- Kelimelerin yazılışını ve telaffuzunu karşılaştırın.

## 3 Hikâyede neler olup bitiyor?

- İki özeti'de okuyun. Sadece bir tanesi gerçek anlamda hikâyeye uyuyor.
- İşaretleyin: Hangi özet doğrudur: A mı, B mi? ☒

**A** ☐ Bir kadın tren istasyonuna varıyor ve taksi ile havalimanına gidiyor. Taksi yolculuğu 10 dakika sürüyor. Havalimanında iniyor ve taksi şoförüne iyi günler diliyor.

**B** ☐ Bir kadın havalimanına varıyor ve tren istasyonuna taksi ile gidiyor. Taksi yolculuğu 10 Euro tutuyor. Tren istasyonunda iniyor ve taksi şoförü ile vedalaşıyor.

- Bulduğunuz sonucu çözüm anahtarıyla karşılaştırın (sayfa 237).

## 4 Kadın ve taksi şoförü tam olarak ne diyorlar?

- Almanca cümlere uygun olan çeviriler hangileri?
- Örnekte olduğu gibi her Almanca cümleden uygun olan çeviriye bir çizgi çekiniz.

| | | | |
|---|---|---|---|
| A | Guten Tag. | 1. | Teşekkürler. |
| B | Zum Bahnhof, bitte. | 2. | İşte Buyrun. |
| C | Gern. | 3. | Merhaba. |
| D | Das macht 10 Euro. | 4. | Tren istasyonuna lütfen. |
| E | Hier bitte. | 5. | İyi günler. |
| F | Danke. | 6. | Memnuniyetle. |
| G | Auf Wiedersehen. | 7. | 10 Euro tutuyor. |

- Bulduğunuz sonucu çözüm anahtarıyla karşılaştırın (sayfa 237).

CD 1
Track
27

## 5 CD'yi birkaç defa daha dinleyin.

- Dinlerken gözlerinizi kapatın.
- Sahneyi hayal etmeye çalışın.

## 6 Eksik olan kelimeleri konuşma balonlarına yazınız.

- Resimlere sırayla bakınız.
- Eksik olan kelimeyi kutudan seçiniz ve uygun olan yere yazınız.
- Kutudaki kelimenin üzerini çiziniz.

**Wiedersehen   Euro   Danke   Bahnhof   Guten   ~~Tag~~   bitte**

- Bulduğunuz sonucu çözüm anahtarıyla karşılaştırın (sayfa 237).

CD 1
Track
28

## 7 Dinleyin ve tekrar edin.

- Hikâyeyi tekrar cümle cümle dinleyin ve her cümleyi yüksek sesle tekrar edin.
- Kendinizden emin olana kadar alıştırmayı tekrar edin.

## 8 Birkaç yeni kelime.

CD 1
Track
29 – 30

- Aşağıdaki kelimelere bakınız.
- CD'den kelimelerin telaffuzunu dinleyin.
- Kelimeleri birkaç defa tekrar edin.

der Flughafen
havalimanı

die Post
postane

das Hotel
otel

## 9 Üç taksi yolculuğu

CD 1
Track
31 – 32

- Aşağıdaki kelimelere bakınız.
- İnsanların ne dediklerini okuyun.
- Cümleleri CD'den dinleyin ve tekrarlayın.

## 10 Eksik kelimeleri boşluklara yazın.

**Zum Bahnhof** **Zur Post** **Zum Hotel** **Zum Flughafen**

a. Havalimanına gitmek istiyorsunuz.
Şunu diyorsunuz: .............. ............................................, bitte.

b. Leopold Otel'ine gitmek istiyorsunuz.
Şunu diyorsunuz: .............. .......................... „Leopold", bitte.

c. Postaneye gitmek istiyorsunuz.
Şunu diyorsunuz: .............. ............................................, bitte.

d. Tren istasyonuna gitmek istiyorsunuz.
Şunu diyorsunuz: .............. ............................................, bitte.

- Bulduğunuz sonucu çözüm anahtarıyla karşılaştırın (sayfa 237).

## 11 Özet

### a. Faydalı ifadeler

- Her ifadeyi çevirisi ile beraber bir fiş kartonuna yazın.
- Bunun için sayfa 12'de bulunan öğrenme ipucuna da bakınız.

| | |
|---|---|
| Guten Tag. | Merhaba. |
| Auf Wiedersehen. | İyi günler. |
| Zum Bahnhof, bitte. | Tren istasyonuna lütfen. |
| Zum Flughafen, bitte. | Havalimanına lütfen. |
| Zum Hotel … , bitte. | … Oteli'ne lütfen. |
| Zur Post, bitte. | Postaneye lütfen. |
| Gern. | Memnuniyetle. |
| Das macht … Euro. | … Euro tutuyor. |
| Hier bitte. | Buyrun. |
| Danke. | Teşekkürler. |

- Bu idyomatik ifadeler düz çeviriler değil. Daha çok sizin anadilinizde kullanılacak ifadelerdir.
- Aşağıdaki kelimeleri de çevirileri ile fiş kartonlarına yazın:

| | |
|---|---|
| der Bahnhof | tren istasyonu |
| der Euro | Euro |
| der Flughafen | havalimanı |
| die Post | postane |
| das Hotel | otel |
| das Taxi | taksi |

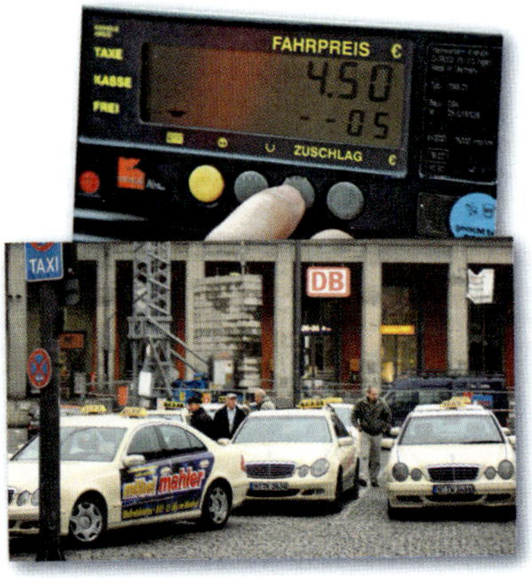


### b. Kültür ve günlük yaşam: taksi yolculukları

Kamu trafiğinin en önemli noktalarında taksi bulabilirsiniz (Örn. havalimanları, tren istasyonları, şehir merkezleri). Burada sıra şeklinde yolcu bekliyorlar ve siz her zaman sıradaki ilk taksiye binmelisiniz. Taksi ücretinde pazarlık yapılmaz. Ücreti taksimetre gösterir. Ücreti yuvarlarken ortaya çıkan bahşiş her zaman iyi karşılanır. Genellikle Almanya ve Avusturya'da yoldan geçen taksi durdurulmaz. Taksi, otelden veya evden telefonla çağrılabilir.

Kapitel **2**

# Wann fährt ein Zug nach München?

## Münih'e ne zaman tren kalkıyor?

### Bu bölümde öğrenecekleriniz:

- Bir trenin kalkış saati nasıl sorulur?
- Nasıl teşekkür edilir ve "iyi yolculuklar" dilenir.

### Faydalı kelimeler

- Aşağıdaki resimlere bakın.
  Bir sonraki sayfadaki resimli hikâyeyi daha iyi anlamak için size üç tane faydalı kelime gösteriliyor.

das Gleis
peron

der Zug
tren

die Tasche
valiz

CD 1
Track
33 – 34

- Bu kelimelerin telaffuzunu CD'den dinleyin.
- Kelimeleri tekrar edin.
- Kelimeleri fiş kartlarına yazın.

## 1 "Münih'e ne zaman tren kalkıyor?"

- Sırayla altı resme bakın.
- Her resimde olan biteni hayal etmeye çalışın.
- Kişilerin neler söyleyebileceklerini düşünün.

A

B

C

D

E

F

## 2 CD'deki hikâyeyi dinleyin.

CD 1 Track 35

- Hikâyeyi birkaç defa dinleyin.
- Sessizce okuyarak takip edin.
- Kelimelerin yazılışını ve telaffuzunu karşılaştırın.

## 3 Hikâyede neler olup bitiyor?

- İki özeti'de okuyun. Sadece bir tanesi gerçek anlamda hikâyeye uyuyor.
- İşaretleyin: Hangi özet doğrudur: A mı, B mi? ☒

**A** ☐ Bir adam tren istasyonunda bir görevliye bir sonraki Münster trenini soruyor. Trene yetişmek için acele ediyor ve valizini unutuyor. Görevli valizi ona getiriyor ve "İyi günler" diliyor.

**B** ☐ Bir adam tren istasyonunda bir görevliye bir sonraki Münih trenini soruyor. Trene yetişmek için acele ediyor ve valizini unutuyor. Görevli valizi ona getiriyor ve "iyi günler" diliyor.

- Bulduğunuz sonucu çözüm anahtarıyla karşılaştırın (sayfa 237).

## 4 İnsanlar tam olarak ne söylüyor?

- Almanca cümlelere uygun olan çeviriler hangileri?
- Örnekte olduğu gibi her Almanca cümleden uygun olan çeviriye bir çizgi çekiniz.

| | | | |
|---|---|---|---|
| A | Entschuldigung. | 1. | Evet, buyrun? |
| B | Ja, bitte? | 2. | Saat on birde. Peron 6. |
| C | Wann fährt ein Zug nach München? | 3. | On bire beş var. |
| D | Um elf Uhr. Gleis sechs. | 4. | Affedersiniz. |
| E | Wie spät ist es, bitte? | 5. | Münih'e ne zaman tren kalkıyor? |
| F | Es ist fünf vor elf. | 6. | Afferdersiniz, saat kaç ? |

| | | | |
|---|---|---|---|
| G | Moment! Ihre Tasche. | 7. | İyi yolculuklar! |
| H | Hier, Ihre Tasche bitte. | 8. | Teşekkürler! |
| I | Danke schön! | 9. | Pardon! Valiziniz. |
| J | Das ist aber sehr nett. | 10. | Buyrunuz, valiziniz. |
| K | Gute Reise! | 11. | Bu ne kadar hoş. |

- Bulduğunuz sonucu çözüm anahtarıyla karşılaştırın (sayfa 237).

CD 1
Track
35

## 5 CD'yi birkaç defa daha dinleyin.

- Dinlerken gözlerinizi kapatın.
- Sahneyi hayal etmeye çalışın.

## 6 Eksik olan kelimeleri konuşma balonlarına yazınız.

- Resimlere sırayla bakınız.
- Eksik olan kelimeyi kutudan seçiniz ve uygun olan yere yazınız.
- Kutudaki kelimenin üzerini çiziniz.

**spät  Zug  ~~Entschuldigung~~  Uhr  Moment**
**Reise  Danke schön  Tasche  Gleis**

- Bulduğunuz sonucu çözüm anahtarıyla karşılaştırın (sayfa 237).

CD 1
Track
36

## 7 Dinleyin ve tekrar edin.

- Hikâyeyi tekrar cümle cümle dinleyin ve her cümleyi yüksek sesle tekrar edin.
- Kendinizden emin olana kadar alıştırmayı tekrar edin.

## 8 Saatler

CD 1
Track
37 – 38

- Aşağıdaki resimleri inceleyin.
- Saatleri CD'den dinleyin ve okuyun.
- Saatleri birkaç defa tekrarlayın.

A Es ist ein Uhr.

B Es ist zwei Uhr.

C Es ist elf Uhr.

D Es ist zwölf Uhr.

E Es ist zehn vor elf.

F Es ist fünf nach elf.

G Es ist fünf vor zwölf.

H Es ist zehn nach zwölf.

## 9 Saat kaç?

- Uygun olan kelimeleri boşluklara yazın.

**fünf** ~~**zwölf**~~ **vor** **zehn** **nach**

a.  Es ist ...zwölf... Uhr.

b.  Es ist .................... vor neun.

c.  Es ist fünf .................... zehn.

d.  Es ist .................... nach sieben.

e.  Es ist zehn .................... elf.

- Bulduğunuz sonucu çözüm anahtarıyla karşılaştırın (sayfa 237).

## 10 Özet

### a. Faydalı ifadeler

- Her ifadeyi çevirisi ile beraber bir fiş kartonuna yazın.
- İfadeleri arada bir tekrar etmeyi unutmayın.

| | |
|---|---|
| Entschuldigung. | Affedersiniz. |
| Ja, bitte? | Evet, buyrun? |
| Wann fährt ein Zug nach …? | …'a ne zaman tren kalkıyor? |
| Um elf Uhr. | Saat on birde. |
| Um fünf vor elf. | On bire beş kala. |
| Um zehn nach elf. | On biri on geçe. |
| Gleis sechs. | Altı numaralı peron. |
| Wie spät ist es, bitte? | Saat kaç lütfen? |
| Es ist elf Uhr. | Saat on bir. |
| Es ist fünf vor elf. | On bire beş var. |
| Es ist zehn nach elf. | On biri on geçiyor. |
| Moment! | Bir dakika! |
| Ihre Tasche. | Valiziniz. |
| Hier, Ihre Tasche bitte. | Buyrunuz valiziniz. |
| Danke schön. | Teşekkürler. |
| Das ist aber sehr nett. | Bu gerçekten çok hoş. |
| Gute Reise! | İyi yolculuklar! |

### b. Kültür ve günlük yaşam: Tren yolculuğu

Almanya'da trenle yolculuk yaparken bilete ihtiyacınız vardır. Bu bileti kalkıştan önce bilet otomatından veya seyahat merkezindeki gişeden alabilirsiniz. Hızlı trenlerde (ICE veya IC) ek ödeme yaparak bileti oturduğunuz yerden de alabilirsiniz. Biletsiz gidince ciddi bir para cezasına karşı hazırlıklı olmak gerekiyor.
Trenlerin kalkış saatlerini ve peron numaralarını asılmış planlardan veya servis personellerinden öğrenebilirsiniz. Büyük tren istasyonlarında sonraki trenlerin kalkış saatleri hakkında bilgi veren elektronik bilgi panelleri bulunur.

# Wie geht es Ihnen?
## Nasılsınız?

### Bu bölümde öğrenecekleriniz:
- Hâl hatır nasıl sorulur ve nasıl cevap verilir?
- Birisi nasıl tanıtılır?
- Hangi ülkeden gelindiği nasıl söylenir?

### Faydalı kelimeler
- Aşağıdaki resimlere bakın. Bir sonraki sayfadaki resimli hikâyeyi daha anlamak için size üç tane faydalı kelime gösteriliyor.

Herr Bauer
Bay Bauer

Frau Bauer
Bayan Bauer

Marokko
fas

CD 1 Track 39 – 40

- Bu kelimelerin telaffuzunu CD'den dinleyin.
- Kelimeleri tekrar edin.
- Kelimeleri fiş kartlarına yazın.

## 1 "Nasılsınız?"

- Altı resme sırayla bakın.
- Her resimde olan biteni hayal etmeye çalışın.
- Kişilerin neler söyleyebileceklerini düşünün.

A

B

C

D

CD 1
Track
41

## 2 CD'deki hikâyeyi dinleyin.

- Hikâyeyi birkaç defa dinleyin.
- Sessizce okuyarak takip edin.
- Kelimelerin yazılışını ve telaffuzunu karşılaştırın.

## 3 Hikâyede neler olup bitiyor?

- İki özeti'de okuyun. Sadece bir tanesi gerçek anlamda hikâyeye uyuyor.
- İşaretleyin: Hangi özet doğrudur: A mı, B mi? ☒

**A** ☐ Bir kadın otobüs durağında iki kişiyle karşılaşır. İki kadın birbirlerini tanıyor. Bayan Bauer, Bayan Tumi'yi Bay Alawi'yle tanıştırıyor. Bayan Tumi ve Bay Alawi şaşırarak ikisinin de Faslı olduğunu farkederler.

**B** ☐ Bir kadın otobüs durağında iki kişiyle karşılaşır. İki kadın birbirilerini tanımıyor. Bayan Tumi, Fas'tan Bay Alawi'yle karşılaşmasına şaşırıyor. Sonra ikisi de kendilerini Bayan Bauer'e tanıtıyor.

- Bulduğunuz sonucu çözüm anahtarıyla karşılaştırın (sayfa 237).

## 4 İnsanlar tam olarak ne söylüyor?

- Almanca cümlelere uygun olan çeviriler hangileri?
- Örnekte olduğu gibi her Almanca cümleden uygun olan çeviriye bir çizgi çekiniz.

| | | | |
|---|---|---|---|
| A | Guten Morgen, Frau Bauer. | 1. | Teşekkürler, ya siz? |
| B | Wie geht es Ihnen? | 2. | Bu, Bay Alawi. |
| C | Danke, gut, und Ihnen? | 3. | Tanıştırayım. |
| D | Auch gut, danke. | 4. | Nasılsınız? |
| E | Darf ich vorstellen? | 5. | Günaydın, Bayan Bauer. |
| F | Das ist Herr Alawi. | 6. | Sağolun, ben de iyiyim. |

| | | | |
|---|---|---|---|
| G | Freut mich. Mein Name ist Leila Tumi. | 7. | Faslıyım |
| H | Angenehm. Woher kommen Sie, Frau Tumi? | 8. | Ne kadar güzel. |
| I | Ich komme aus Marokko. | 9. | Memnun oldum. Adım Leila Tumi. |
| J | Wie schön. | 10. | Ben de Faslıyım. |
| K | Ich komme auch aus Marokko. | 11. | Memnun oldum. Nerelisiniz, Bayan Tumi? |

- Bulduğunuz sonucu çözüm anahtarıyla karşılaştırın (sayfa 237).

## 5 CD'yi birkaç defa daha dinleyin.

CD 1
Track
41

- Dinlerken gözlerinizi kapatın.
- Sahneyi hayal etmeye çalışın.

## 6 Eksik olan kelimeleri konuşma balonlarına yazınız.

- Resimlere sırayla bakınız.
- Eksik olan kelimeyi kutudan seçiniz ve uygun olan yere yazınız.
- Kutudaki kelimenin üzerini çiziniz.

**komme  Woher  Ihnen  ~~Morgen~~  schön  Freut mich  vorstellen**

- Bulduğunuz sonucu çözüm anahtarıyla karşılaştırın (sayfa 237).

## 7 Dinleyin ve tekrar edin.

CD 1
Track
42

- Hikâyeyi tekrar cümle cümle dinleyin ve her cümleyi yüksek sesle tekrar edin.
- Kendinizden emin olana kadar alıştırmayı tekrar edin.

## 8 Birkaç ülke ismi

CD 1 Track 43 – 44

- Haritaya bakın.
- CD'den ülke isimlerini dinleyin ve okuyarak eşlik edin.
- Ülke isimlerini birkaç defa tekrar edin.

## 9 İnsanlar nereden geliyor?

CD 1 Track 45

- CD'deki kişilerin ifadelerini dinleyin.
- Uygun olan ülke isimlerini boşluklara yazın.

~~aus Deutschland~~ aus der Türkei
aus Russland aus Thailand aus Syrien

a. Mein Name ist Lea Koch.
Ich komme aus Deutschland .
b. Mein Name ist Ahmed Hussein.
Ich komme ……………………………… .
c. Mein Name ist Jana Volina.
Ich komme ……………………………… .
d. Mein Name ist Ozan Demir.
Ich komme ……………………………… .
e. Mein Name ist Ratana Luangdee.
Ich komme ……………………………… .

- Bulduğunuz sonucu çözüm anahtarıyla karşılaştırın (sayfa 237).

## 10 Ya siz?

- İsminizi ve geldiğiniz ülkeyi boşluklara yazın.
- Ülkenizin ismini bilmiyorsanız sözlüğe bakınız.

Mein Name ist ……………………………… .
Ich komme aus ……………………………… .

## 11 Özet

### a. Faydalı ifadeler

- Her ifadeyi çevirisi ile beraber bir fiş kartonuna yazın.
- İfadeleri arada bir tekrar etmeyi unutmayın.

| | |
|---|---|
| Guten Morgen, Herr … | Merhaba, Bay … |
| Guten Morgen, Frau … | Merhaba, Bayan … |
| Wie geht es Ihnen? | Nasılsınız? |
| Danke, gut, und Ihnen? | Sağolun iyiyim, ya siz? |
| Auch gut, danke. | Ben de iyim, sağolun. |
| Darf ich vorstellen? | Tanıştırayım. |
| Das ist Herr … | Bu Bay … |
| Das ist Frau … | Bu Bayan … |
| Freut mich. | Memnun oldum. |
| Angenehm. | Memnun oldum. |
| Mein Name ist … | İsmim … |
| Woher kommen Sie, Herr … ? | Bay …, siz nerelisiniz? |
| Woher kommen Sie, Frau … ? | Bayan …, siz nerelisiniz? |
| Ich komme aus … | Ben … liyim. |
| Ich komme auch aus … | Ben de … liyim. |
| Wie schön. | Ne kadar güzel. |

### b. Kültür ve günlük yaşam: Selamlaşmak ve hitap etmek

- Almanya'da tanışınca sağ el uzatılır.
- İsmini bildiğiniz ama samimi olmadığınız insanlara "Herr" veya "Frau" + soyisimle hitap edilir: "Guten Tag, Herr Bauer. Guten Tag, Frau Bauer". Medeni hâlin önemi yoktur.
- Almanya'da isimler isim ve soy isimden oluşur. Kendinizi tanıtınca genelde ikisini de söylersiniz.
- Tanışmadan sonra genelde hâl hatır sorulur. Cevap nezaketen genelde olumlu olur. Fakat en fazla günde bir defa – ilk karşılaşmada – hâl hatır sorulur.
- Samimi arkadaşlarla nasıl selamlaşıldığı ve hitap edildiğini sonra öğreneceksiniz.

Kapitel 4

# Ich hätte gern einen Apfelsaft.
## Bir elma suyu lütfen.

**Bu bölümde öğrenecekleriniz:**
- Bir restoranda yiyecek ve içecek nasıl sipariş edilir?
- Bir şeyin tadının güzel olduğu nasıl söylenir?
- "Afiyet olsun" nasıl denir?

**Faydalı kelimeler**
- Aşağıdaki resimlere bakın.
  Bir sonraki sayfada yer alan resimli hikâyeyi daha iyi anlamak için size üç tane faydalı kelime gösteriliyor.

der Apfelsaft
elma suyu

das Hähnchen
pilic (yemeklik)

die Pommes frites
patates kızartması

das Brötchen
küçük ekmek

CD 1 Track 46 – 47
- Bu kelimelerin telaffuzunu CD'den dinleyin.
- Kelimeleri tekrar edin.
- Kelimeleri fiş kartlarına yazın.

## 1 "Bir elma suyu lütfen."

- Sırayla altı resme bakın.
- Her resimde olan biteni hayal etmeye çalışın.
- Kişilerin neler söyleyebileceklerini düşünün.

A

B

C

D

E

F

CD 1
Track
48

## 2 CD'deki hikâyeyi dinleyin.

- Hikâyeyi birkaç defa dinleyin.
- Sessizce okuyarak takip edin.
- Kelimelerin yazılışını ve telaffuzunu karşılaştırın.

## 3 Hikâyede neler olup bitiyor?

- İki özeti'de okuyun. Sadece bir tanesi gerçek anlamda hikâyeye uyuyor.
- İşaretleyin. Hangi özet doğrudur: A mı, B mi? ☒

**A** ☐ Bir kadın bahçeli bir restoranda oturuyor. Garsona (erkek) bir bardak elma suyu sipariş ediyor. Yemek olarak tavuk, patates kızartması ve ekmek istiyor. Garson yemekleri getiriyor ve "afiyet olsun" diyor.

**B** ☐ Bir kadın kafede oturuyor. Garson-dan(kadın) elmalı pasta ve ekmek istiyor. İçecek istemiyor. Garson yemekleri getirdiğinde kadın teşekkür ediyor ve yemeğe başlıyor.

- Bulduğunuz sonucu çözüm anahtarıyla karşılaştırın (sayfa 237).

## 4 Kadın ve garson tam olarak ne söylüyor?

- Almanca cümlere uygun olan çeviriler hangileri?
- Örnekte olduğu gibi her Almanca cümleden uygun olan çeviriye bir çizgi çekiniz.

| | | | |
|---|---|---|---|
| A | Was möchten Sie trinken? | 1. | Buyrun, tavuğunuz. |
| B | Ich hätte gern einen Apfelsaft. | 2. | Ya siz ne yemek istiyorsunuz? |
| C | Und was möchten Sie essen? | 3. | Ne içmek istiyorsunuz? |
| D | Das Hähnchen, bitte. | 4. | Pilic patates kızartmasıyla mı, yoksa ekmekle mi ? |
| E | Das Hähnchen mit Pommes frites oder mit Brötchen? | 5. | Bir elma suyu lütfen. |

| | | | |
|---|---|---|---|
| F | Mit Pommes frites und Brötchen, bitte. | 6. | Teşekkür ederim. Tadı çok güzel. |
| G | Guten Appetit. | 7. | Teşekkürler. |
| H | Vielen Dank. | 8. | Afiyet olsun. |
| I | Schmeckt es Ihnen? | 9. | Patates kızartması ve ekmek lütfen. |
| J | Danke. Es schmeckt sehr gut. | 10. | Tadı sizin hoşunuza gitti mi? |

- Bulduğunuz sonucu çözüm anahtarıyla karşılaştırın (sayfa 237).

CD 1 Track 48

## 5 CD'yi birkaç defa daha dinleyin.

- Dinlerken gözlerinizi kapatın.
- Sahneyi hayal etmeye çalışın.

## 6 Eksik olan kelimeleri konuşma balonlarına yazınız.

- Resimlere sırayla bakınız.
- Eksik olan kelimeyi kutudan seçiniz ve uygun olan yere yazınız.
- Kutudaki kelimenin üzerini çiziniz.

**Hähnchen bitte ~~möchten~~ Brötchen schmeckt essen Appetit Apfelsaft**

- Bulduğunuz sonucu çözüm anahtarıyla karşılaştırın (sayfa 237).

CD 1 Track 49

## 7 Dinleyin ve tekrar edin.

- Hikâyeyi tekrar cümle cümle dinleyin ve her cümleyi yüksek sesle tekrar edin.
- Kendinizden emin olana kadar alıştırmayı tekrar edin.

## 8 Birkaç yeni kelime.

CD 1
Track
50 – 51

- Alttaki resimlere bakın.
- CD'den kelimelerin telaffuzunu dinleyin.
- Kelimeleri birkaç defa tekrar edin.

der Kaffee
kahve

der Salat
salata

das Eis
dondurma

die Suppe
çorba

- Kelimeleri not kartonlarına yazın.

## 9 Dört tane sipariş

CD 1
Track
52 – 53

- Alttaki resimlere bakın.
- İnsanların ne dediklerini okuyun.
- Cümleleri CD'den dinleyin ve tekrar edin.

Ich hätte gern
einen Kaffee.

Ich hätte gern
eine Suppe.

Ich hätte gern
einen Salat.

Ich hätte gern
ein Eis.

## 10 Aşağıdaki cümleleri boşluklara yazın.

**Ich hätte gern ein Eis. Ich hätte gern einen Kaffee.**
**Ich hätte gern eine Suppe. Ich hätte gern einen Salat.**

a. Çorba istiyorsunuz. Şöyle diyorsunuz: ..............................
b. Salata istiyorsunuz. Şöyle diyorsunuz: ..............................
c. Dondurma istiyorsunuz. Şöyle diyorsunuz: ..............................
d. Kahve istiyorsunuz. Şöyle diyorsunuz: ..............................

- Bulduğunuz sonucu çözüm anahtarıyla karşılaştırın (sayfa 237).

## 11 Özet

### a. Faydalı ifadeler

- Her ifadeyi çevirisi ile beraber bir fiş kartonuna yazın.
- İfadeleri arada bir tekrar etmeyi unutmayın.

| | |
|---|---|
| Was möchten Sie essen? | Ne yemek istiyorsunuz? |
| Was möchten Sie trinken? | Ne içmek istiyorsunuz? |
| Ich hätte gern einen Kaffee. | Kahve istiyorum. |
| Ich hätte gern einen Salat. | Salata istiyorum. |
| Ich hätte gern eine Suppe. | Çorba istiyorum. |
| Ich hätte gern ein Eis. | Dondurma istiyorum. |
| Mit Pommes frites oder mit Brötchen? | Patates kızartmasıyla mı yoksa ekmekle mi? |
| Schmeckt es Ihnen? | Tadını beğendiniz mi? |
| Es schmeckt sehr gut. | Tadı çok güzel. |
| Guten Appetit! | Afiyet olsun! |
| Vielen Dank. | Teşekkürler. |

- einen Apfelsaft – eine Suppe – ein Eis

  Bu farklar, kelimelerin gramerdeki cinsiyetinden kaynaklanıyor. Daha sonra bunun hakkında daha fazla öğreneceksiniz. Şimdilik cümleleri sadece ezberleyin.

### b. Kültür ve günlük yaşam: restoranlar ve kafeler

Bir restoranda ve bahçe restoranında (sadece yazın açık olan), genelde öğlenleri 12.00 ve 15.00 saatleri arasında ve akşamları 18.00 – 22.00 saatleri arasında yemek yiyebilirsiniz. Yemek bir garsona (kadın veya erkek) sipariş edilir ve ödeme de ona yapılır. Genelde yiyecekleri ve içecekleri seçebildiğiniz menüler masalarda bulunur. Almanya'ya özel ve saat 8'den 18'e açık olan kafeler vardır. Orada kahvaltı yapılabilir, aperitifler ve tatlılar yenilebilir ve tabii ki kahve içilebilir. Ayakta hızlıca birşeyler yenip içilecek büfeler veya sosis stantları daha ucuz oluyor.

# Haben Sie ein Zimmer frei?

## Boş odanız var mı?

**Bu bölümde öğrenecekleriniz:**
- Bir otel odası nasıl sorulur?
- Ne tür oda istediğiniz nasıl söylenir?
- Ne kadar kalacağınız nasıl söylenir?

**Faydalı kelimeler**
- Aşağıdaki resimlere bakın.
  Bir sonraki sayfadaki resimli hikâyeyi daha iyi anlamak için size üç tane faydalı kelime gösteriliyor.

das Frühstück
kahvaltı

die Nacht
gece

das Doppelzimmer
çift kişilik oda

das Einzelzimmer
tek kişilik oda

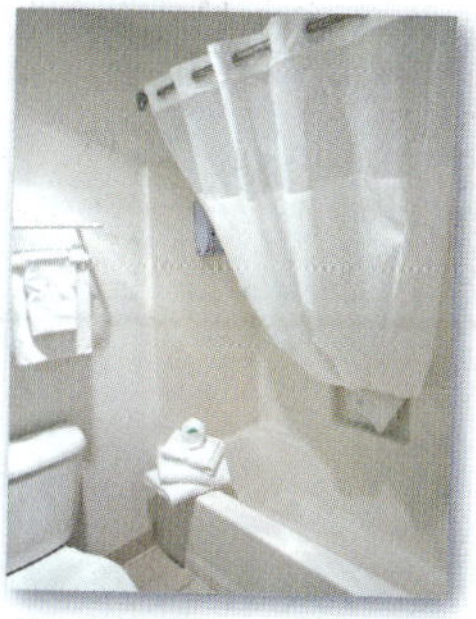

das Bad
banyo

CD 1
Track
54 – 55

- Bu kelimelerin telaffuzunu CD'den dinleyin.
- Kelimeleri tekrar edin.
- Kelimeleri kartlara not edin.

## 1 "Boş odanız var mı?"

- Altı resme sırayla bakın.
- Her resimde olan biteni hayal etmeye çalışın.
- Kişilerin neler söyleyebileceklerini düşünün.

A

B

C

D

E

F

## 2 CD'deki hikâyeyi dinleyin.

CD 1 Track 56

- Hikâyeyi birkaç defa dinleyin.
- Sessizce okuyarak takip edin.
- Kelimelerin yazılışını ve telaffuzunu karşılaştırın.

## 3 Hikâyede neler olup bitiyor?

- İki özeti'de okuyun. Sadece bir tanesi gerçek anlamda hikâyeye uyuyor.
- İşaretleyin. Hangi özet doğrudur: A mı, B mi? ☒

**A** ☐ Bir çift bir otelde tek kişilik odaların fiyatını soruyor. Sadece bir gece kalmak istiyorlar ve banyolu odayı tutuyorlar. Her odanın ücreti 80 Euro, fakat bu fiyata kahvaltı dahil değil.

**B** ☐ Bir çift iki gece için bir otel odası arıyor ve bir otelde boş oda olup olmadığını soruyor. Gecesi 80 Euro olan çift kişilik banyolu bir oda tutuyorlar.

- Bulduğunuz sonucu çözüm anahtarıyla karşılaştırın (sayfa 237).

## 4 Yolcular ve resepsiyondaki kadın tam olarak ne diyor?

- Almanca cümlelere uygun olan çeviriler hangileri?
- Örnekte olduğu gibi her Almanca cümleden uygun olan çeviriye çizgi çekiniz.

| | | | |
|---|---|---|---|
| A | Guten Abend. | 1. | Evet. |
| B | Haben Sie ein Zimmer frei? | 2. | Bir çift kişilik oda lütfen. |
| C | Ja. | 3. | Hayır, iki gece için. |
| D | Möchten Sie ein Doppelzimmer oder zwei Einzelzimmer? | 4. | Bir gecelik mi? |
| E | Wir hätten gern ein Doppelzimmer. | 5. | Boş odanız var mı? |
| F | Für eine Nacht? | 6. | İyi akşamlar. |
| G | Nein, für zwei Nächte. | 7. | Çift kişilik mi yoksa tek kişilik iki oda mı istiyorsunuz? |

| | | | |
|---|---|---|---|
| H | Mit Bad oder ohne Bad? | 8. | İyi, bunu tutuyoruz. |
| I | Lieber mit Bad. | 9. | Banyolu mu, banyosuz mu? |
| J | Das kostet 80 Euro mit Frühstück. | 10. | İyi uykular. |
| K | Gut. Das nehmen wir. | 11. | İyi geceler. |
| L | Gute Nacht. | 12. | Banyoluyu tercih ederiz. |
| M | Schlafen Sie gut. | 13. | Kahvaltı dahil 80 Euro. |

- Bulduğunuz sonucu çözüm anahtarıyla karşılaştırın (sayfa 237).

## 5 CD'yi birkaç defa daha dinleyin.

CD 1
Track
56

- Dinlerken gözlerinizi kapatın.
- Sahneyi hayal etmeye çalışın.

## 6 Eksik olan kelimeleri boşluklara yazınız.

- Resimlere sırayla bakınız.
- Eksik olan kelimeyi kutudan seçiniz ve uygun olan yere yazınız.
- Kutudaki kelimenin üzerini çiziniz.

**hätten  Abend  nehmen  Einzelzimmer  Nächte**
**Bad  ~~Guten~~  Frühstück  Schlafen  oder**

**A**

Guten Abend.

Guten ..........................
Haben Sie ein Zimmer frei?

**B**

Ja. Möchten
Sie ein Doppelzimmer oder zwei
..........................?

Wir .......................... gern ein
Doppelzimmer

**C**

Für eine Nacht?

Nein, für zwei ..........................

**D**

Mit Bad .................. ohne Bad?

Lieber mit ..............

**E**

Das kostet 80 Euro
mit ..........................

Gut. Das .......................... wir.

**F**

Gute Nacht.
.......................... Sie gut.

Gute Nacht.

Gute Nacht.

- Bulduğunuz sonucu çözüm anahtarıyla karşılaştırın (sayfa 237).

## 7 Dinleyin ve tekrar edin.

CD 1
Track
57

- Hikâyeyi tekrar cümle cümle dinleyin ve her cümleyi yüksek sesle tekrar edin.
- Kendinizden emin olana kadar alıştırmayı tekrar edin.

## 8 Birkaç yeni kelime.

CD 1 Track 58 – 59

- Aşağıdaki resimleri inceleyin.
- Saatleri CD'den dinleyin ve okuyun.
- Saatleri birkaç defa tekrarlayın.

die Dusche
duş

die Toilette
tuvalet

der Internetanschluss
internet bağlantısı

der Fernseher
televizyon

- Kelimeleri kartlara yazın.

## 9 *"Mit"* veya *"ohne"*?

CD 1 Track 60 – 61

- Resimlere bakın ve insanların ne dediklerini okuyun.
- CD'den cümleleri dinleyin ve tekrar edin.

Mit Dusche oder ohne Dusche?

Lieber ohne Dusche.

Mit Toilette oder ohne Toilette?

Lieber mit Toilette.

Mit oder ohne Fernseher?

Lieber ohne Fernseher.

Mit oder ohne Internetanschluss?

Lieber mit Internetanschluss.

## 10 Cevapları boşluklara yazın.

**Lieber mit Dusche.** **Lieber ohne Toilette.**
**Lieber mit Fernseher.** **Lieber ohne Internetanschluss.**

a. Odayı internet bağlantısız tercih ediyorsunuz. Şöyle diyorsunuz:

..........................................................................................

b. Odayı duşlu tercih ediyorsunuz. Şöyle diyorsunuz:

..........................................................................................

c. Odayı tuvaletsiz tercih ediyorsunuz. Şöyle diyorsunuz:

..........................................................................................

d. Odayı televizyonlu tercih ediyorsunuz. Şöyle diyorsunuz:

..........................................................................................

- Bulduğunuz sonucu çözüm anahtarıyla karşılaştırın (sayfa 237).

## 11 Özet

### a. Faydalı ifadeler

- Her ifadeyi çevirisi ile beraber bir fiş kartonuna yazın.
- İfadeleri arada bir tekrar etmeyi unutmayın.

| | |
|---|---|
| Haben Sie ein Zimmer frei? | Boş odanız var mı? |
| Wir hätten gern ein Doppelzimmer. | Çift kişilik oda istiyoruz. |
| Ich hätte gern ein Einzelzimmer. | Tek kişilik oda istiyorum. |
| Für eine Nacht? | Bir gecelik mi? |
| Nein, für zwei Nächte. | Hayır, iki gecelik. |
| Mit oder ohne Frühstück? | Kahvaltılı mı, kahvaltısız mı? |
| Lieber mit Frühstück. | Kahvaltılı tercih ederim. |
| Das kostet 80 Euro. | Fiyatı 80 Euro. |
| Gut. Das nehmen wir. | İyi, bunu tutuyoruz. |
| Guten Abend. | İyi akşamlar. |
| Gute Nacht. | İyi geceler. |
| Schlafen Sie gut. | İyi uykular. |

### b. Kültür ve günlük yaşam: oteller ve konaklama

Bir otel odasının fiyatı ve donanımı otelin kategorisine de bağlıdır. Basit otellerde çoğu kez kat tuvaleti ve kat duşları vardır. Modern orta sınıf otellerde televizyon, buzdolabı ve banyo standart sayılır. Kahvaltı oda ücretine dahil olabilir veya olmayabilir. Bu yüzden önceden bunu sormak lazım.

Almanya'da otel odalarında genelde ikiden fazla kişi kalmaz. Tek kişilik odalar, çift kişilik odalara göre yaklaşık %20 daha ucuzdur. Küçük çocukları olan aileler için bazen ilave çocuk yatağı odaya konur.

# Rückblick A
## Geriye Bakış A

Sevgili Almanca öğrenenler,
şu anda "Basitçe Almanca"nın ilk beş bölümünü bitirdiniz.Tebrik ederiz! Aşağıdaki sayfalarda sakin bir şekilde içerikleri tekrar gözden geçirme imkânına sahip olacaksınız. Bunun için öğrenilenleri tekrar özetleyen alıştırmalar var. Bir sonraki beş bölümden sonra tekrar böyle bir Rückblick bulacaksınız. Gittikçe bu Geriye Bakış'lar sizi doğrudan Start Deutsch 1 sınavına hazırlayan alıştırmalar içerecek.

### 1 Selamlaşmak ve veda etmek

- Kelimeleri uygun boşluklara yazın.

**Tag Abend Nacht Wiedersehen Morgen**

A

Guten ..................

B

Guten ..................

C

Guten ..................

D

Auf ..................

E

Gute ..................

- Bulduğunuz sonucu çözüm anahtarıyla karşılaştırın (sayfa 237).

Anlamanız için:
- Guten Tag ile gün boyunca selamlaşılabilir, sabahtan yaklaşık akşam saat 19'a kadar.
- Guten Morgen gün doğumundan yaklaşık öğlen 12'ye kadar söylenir.
- Guten Abend yaklaşık saat 19'dan geceye kadar söylenir.
- Auf Wiedersehen ile başka insanlarla vedalaşılır.
- Gute Nacht daha samimi Auf Wiedersehen daha resmi. Gute Nacht ile akşamları veya geceleri vedalaşılabilir. Dikkat: Gute Nacht ile selamlaşılmaz!

## 2 Eşyaları adlandırmak

- Eşyaların adlarını fotoğraflarının altına yazın.

**die Dusche das Eis der Fernseher der Flughafen das Gleis das Hähnchen der Kaffee die Suppe die Tasche das Taxi die Toilette der Zug**

a. ..................................................

b. ..................................................

c. ..................................................

d. ..................................................

e. ..................................................

f. ..................................................

g. ..................................................

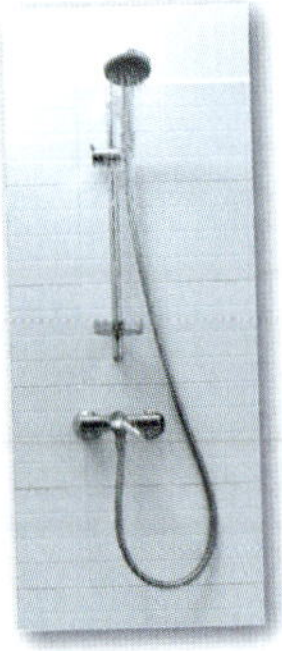

h. ..................................................

i. ..................................................

j. ..................................................

k. ..................................................

l. ..................................................

- Bulduğunuz sonucu çözüm anahtarıyla karşılaştırın (sayfa 237).

## 3 Teşekkür etmek

- Bir restoranda oturuyorsunuz ve garson sipariş ettiğiniz yemekleri getiriyor.
- Garsona ne diyebilirsiniz?
- Örnekte olduğu gibi işaretleyin: Richtig (Doğru) veya Falsch (Yanlış).

| | | |
|---|---|---|
| a. Danke schön. | ~~Richtig~~ | Falsch |
| b. Vielen Dank. | Richtig | Falsch |
| c. Entschuldigung. | Richtig | Falsch |
| d. Danke. | Richtig | Falsch |

- Bulduğunuz sonucu çözüm anahtarıyla karşılaştırın (sayfa 237).

Daha iyi anlamanız için:
- Bir şeye teşekkür etmek için birkaç kalıp ifade öğrendiniz.
- Danke en kısası, Vielen Dank en yoğunu.
- Sadece bir bilgi ve iyilik için teşekkür edilmez, aynı zamanda iyi dilekler ve hal hatır sormalar için de kullanılır. Bunun için aşağıdaki alıştırmalarda daha fazla örnek bulacaksınız.

## 4 Dilek ve sorgulara tepki vermek

- Hangi cevap uygun?
- İfadeleri örnekte olduğu gibi çizgilerle birleştirin.

| | | | |
|---|---|---|---|
| A | Hier, Ihre Tasche bitte. (→ 3) | 1. | Gern. |
| B | Wie geht es Ihnen? | 2. | Danke. Schlafen Sie auch gut. |
| C | Schmeckt es Ihnen? | 3. | Danke, das ist aber sehr nett. |
| D | Zum Bahnhof, bitte. | 4. | Danke. Es schmeckt sehr gut. |
| E | Ein Zimmer für eine Nacht? | 5. | Danke, gut, und Ihnen? |
| F | Gute Nacht. Schlafen Sie gut. | 6. | Nein, für zwei Nächte bitte. |

- Bulduğunuz sonucu çözüm anahtarıyla karşılaştırın (sayfa 237).

## 5 Bu durumlarda ne demelisiniz?

- Durumun açıklamalarını okuyun.
- Uygun ifadeyi örnekte olduğu gibi [X] ile işaretleyin.

**A** Taksidesiniz ve bankaya gitmek istiyorsunuz.
1. Zur Bank, bitte. [X]
2. Ich hätte gern eine Bank. [ ]

**B** Bir kız arkadaşınız Berlin'e gitmek istiyor. Tren istasyonunda vedalaşıyorsunuz ve iyi yolculuklar diliyorsunuz.
1. Guten Appetit! [ ]
2. Gute Reise! [ ]

**C** Tek başına bir otele geliyorsunuz ve tek kişilik bir oda istiyorsunuz.
1. Wir hätten gern ein Doppelzimmer. [ ]
2. Ich hätte gern ein Einzelzimmer. [ ]

**D** Üçüncü bir kişiye bir tanıdığınızı tanıştırmak istiyorsunuz.
1. Darf ich vorstellen? Das ist Frau … [ ]
2. Auf Wiedersehen, Frau … [ ]

**E** Birisi size tanımadığınız bir kişiyi tanıttı.
1. Auch gut, danke. [ ]
2. Freut mich. [ ]

- Bulduğunuz sonucu çözüm anahtarıyla karşılaştırın (sayfa 237).

## 6 Sorular ve cevaplar

- Hangi cevap uygun?
- Soruları ve cevapları örnkete olduğu gibi çizgilerle birleştirin.

| | | | |
|---|---|---|---|
| A | Wann fährt ein Zug nach Köln? (→ 3) | 1. | Nein. Lieber zwei Einzelzimmer. |
| B | Wie spät ist es, bitte? | 2. | Ja. Das Zimmer kostet 80 Euro. |
| C | Woher kommen Sie, Herr Meyer? | 3. | Um neun Uhr. |
| D | Was möchten Sie essen? | 4. | Ich komme aus Deutschland. |
| E | Was möchten Sie trinken? | 5. | Es ist zehn nach elf. |
| F | Haben Sie ein Zimmer frei? | 6. | Ich hätte gern einen Salat. |
| G | Möchten Sie ein Doppelzimmer? | 7. | Einen Kaffee, bitte. |

- Bulduğunuz sonucu çözüm anahtarıyla karşılaştırın (sayfa 237).

CD 1
Track
62

## 7 Saat kaç?

- Duvar saatinin çalmasını dinleyin.
- Saati örnekte olduğu gibi uygun boşluğa yazın.

a. Es ist drei ........ Uhr.
b. Es ist ........ Uhr.
c. Es ist ........ Uhr.
d. Es ist ........ Uhr.
e. Es ist ........ Uhr.
f. Es ist ........ Uhr.
g. Es ist ........ Uhr.

- Bulduğunuz sonucu çözüm anahtarıyla karşılaştırın (sayfa 237).

CD 1
Track
63

## 8 ... ne zaman tren kalkıyor?

- Önce cümleleri okuyun.
- Sonra diyalogları dinleyin.
- Örnekte olduğu gibi işaretleyin:
  Richtig (Doğru) veya Falsch (Yanlış).

| | | | |
|---|---|---|---|
| a. | Der Zug nach Berlin fährt um acht Uhr. | ~~Richtig~~ | Falsch |
| b. | Der Zug nach Wien fährt um drei Uhr. | Richtig | Falsch |
| c. | Der Zug nach Stuttgart fährt um zehn vor neun. | Richtig | Falsch |
| d. | Der Zug nach Köln fährt um fünf nach zwei. | Richtig | Falsch |
| e. | Der Zug nach Leipzig fährt um fünf vor fünf. | Richtig | Falsch |

- Diyalogları tekrar dinleyin, cevaplarınızı kontrol edin.
- Bulduğunuz sonucu çözüm anahtarıyla karşılaştırın (sayfa 237).

## 9 Bu durumlarda ne demelisiniz?

- Durumun açıklamalarını okuyun.
- Uygun ifadeyi örnekte olduğu gibi ☒ ile işaretleyin.

A Çantanızı takside unuttunuz. Şoför peşinizden getiriyor.

1. Danke. Das ist aber sehr nett. ☒
2. Vielen Dank. Es schmeckt sehr gut. ☐

B Restorandasınız ve salata sipariş vermek istiyorsunuz.

1. Ich hätte gern einen Apfelsaft. ☐
2. Ich hätte gern einen Salat. ☐

C Otel odası tutuyorsunuz, ama odada televizyon istemiyorsunuz.

1. Lieber ohne Fernseher. ☐
2. Lieber mit Fernseher. ☐

D Öğleden sonra tesadüfen bir tanıdıkla, Frau Bauer ile karşılaşıyorsunuz.

1. Gute Nacht, Frau Bauer. ☐
2. Guten Tag, Frau Bauer. ☐

E Birisi size saati soruyor. Kol saatinize bakıyorsunuz. Saat on bir.

1. Es ist elf Uhr. ☐
2. Um elf Uhr. ☐

F Birisi isminizi soruyor.

1. Ich komme aus … ☐
2. Mein Name ist … ☐

- Bulduğunuz sonucu çözüm anahtarıyla karşılaştırın (sayfa 237).

### Ve bu şekilde devam ediyor:

Bir sonraki beş bölümde değişik eşyaları satın alan, teknik cihazlar hakkında konuşan insanlarla karşılaşacaksınız. Kişisel bilgilerin verilmesini, form doldurmayı ve aileniz hakkında konuşmayı öğreneceksiniz. Ayrıca daha fazla rakam ve saatlerle tanışacaksınız. Ve nasıl yardım isteyebileceğinizi ve bir yanlış anlaşmayı nasıl açığa kavuşturacağınızı öğreneceksiniz.

Kapitel 6

# Bitte buchstabieren Sie.

## Lütfen harf harf söyleyin.

### Bu bölümde öğrenecekleriniz:

- İsminiz nasıl söylenir?
- Adresiniz nasıl verilir?
- İsim ve adres nasıl harf harf söylenir?

### Faydalı kelimeler

- Aşağıdaki resimlere bakın.
  Bir sonraki sayfadaki resimli hikâyeyi daha iyi anlamak için size altı tane faydalı kelime gösteriliyor.

die Adresse
adres

das Formular
bilgi formu

das Handy
cep telefonu

die Unterschrift
imza

der Vorname
ad

der Familienname
soyad

CD 2
Track
1 – 2

- Bu kelimelerin telaffuzunu CD'den dinleyin.
- Kelimeleri tekrar edin.

## 1 "Lütfen harf harf söyleyin."

- Altı resme sırayla bakın.
- Her resimde olan biteni hayâl etmeye çalışın.
- Kişilerin neler söyleyebileceklerini düşünün.

CD 2 Track 3

## 2 CD'deki hikâyeyi dinleyin.

- Hikâyeyi birkaç defa dinleyin ve sessizce okuyarak takip edin.

## 3 Hikâyede neler olup bitiyor?

- İki özeti'de okuyun. Sadece bir tanesi gerçek anlamda hikâyeye uyuyor.
- İşaretleyin. Hangi özet doğrudur: A mı, B mi? ☒

**A** ☐ Bir müşteri (kadın) dükkanda yeni bir cep telefonu seçti. Satıcının bununla ilgili bir bilgi formu doldurması lâzım, isim ve adres soruyor. Sonra müşteri bilgi formunu imzalıyor ve cep telefonu ile kasaya gidiyor.

**B** ☐ Bir müşteri (kadın) cep telefonunu tamire getiriyor. Satıcı bununla ilgili bir bilgi formu dolduruyor ve altına kendi adını yazıyor. Sonra müşteriyi bozuk cep telefonunu teslim edebilmesi için kasaya gönderiyor.

- Bulduğunuz sonucu çözüm anahtarıyla karşılaştırın (sayfa 237).

## 4 Müşteri ve satıcı tam olarak neler söylüyor?

- Almanca cümlelere uygun olan çeviriler hangileri?
- Örnekte olduğu gibi her Almanca cümleden uygun olan çeviriye bir çizgi çekiniz.

| | | | |
|---|---|---|---|
| A | Das Handy nehme ich. | 1. | Affedersiniz, adınız nedir? |
| B | Dann muss ich noch ein Formular ausfüllen. | 2. | Adım Leonie. |
| C | Wie heißen Sie, bitte? | 3. | Bu cep telefonunu alıyorum. |
| D | Mein Name ist Leonie Wößmann. | 4. | Soyadım Wößmann. |
| E | Bitte buchstabieren Sie. | 5. | Sonra tekrar bir form doldurmam lâzım. |
| F | Mein Vorname ist Leonie. | 6. | Lütfen harf harf söyleyin. |
| G | Mein Familienname ist Wößmann. | 7. | Adım Leonie Wößmann. |

(A – 3)

| | | | |
|---|---|---|---|
| H | Und wie ist Ihre Adresse? | 8. | İşte cep telefonunuz. |
| I | Ich brauche noch Ihre Unterschrift. | 9. | Lütfen kasada ödeme yapınız. |
| J | Natürlich. | 10. | Ya adresiniz nedir? |
| K | Hier ist Ihr Handy. | 11. | Bir de imzanız lazım. |
| L | Bitte bezahlen Sie an der Kasse. | 12. | Elbette. |

- Bulduğunuz sonucu çözüm anahtarıyla karşılaştırın (sayfa 237).

## 5 CD'yi birkaç defa daha dinleyin.

CD 2 Track 3

- Dinlerken gözlerinizi kapatın ve sahneyi hayâl etmeye çalışın.

## 6 Eksik olan kelimeleri boşluklara yazınız.

- Eksik olan kelimeyi kutudan seçiniz ve uygun olan yere yazınız.
- Kutudaki kelimenin üzerini çiziniz.

**Name** **Hamburg** **Unterschrift**
**Handy** **Familienname** **Adresse**
**Kasse** **Formular** **buchstabieren**
**Vorname** **Wie**

**A**

Das .................... nehme ich.

Dann muss ich noch ein ................................ ausfüllen.

**B**

............ heißen Sie, bitte?

Mein .................... ist Leonie Wößmann.

**C**

Bitte .................................................... Sie.

Mein ............................ ist Leonie.
L-e-o-n-i-e.
Mein ................................................ ist Wößmann. W-ö-ß-m-a-n-n.

**D**

Und wie ist Ihre ..............................?

20257 ..............................,
Mozartstraße 7.

**E**

Ich brauche noch Ihre ..............................................

Natürlich.

**F**

Hier ist Ihr Handy. Bitte bezahlen Sie an der .....................

- Bulduğunuz sonucu çözüm anahtarıyla karşılaştırın (sayfa 237).

## 7 Dinleyin ve tekrar edin.

CD 2 Track 4

- Hikâyeyi tekrar cümle cümle dinleyin ve her cümleyi yüksek sesle tekrar edin.
- Kendinizden emin olana kadar alıştırmayı tekrar edin.

## 8 İsimleri harf harf söylemek

CD 2 Track 5 – 6

- CD'den 3 kişinin isimlerini nasıl söylediklerini ve harf harf söylediklerini dinleyin.
- Sonra aralarda harfleri tekrar edin.

1

Ich heiße Wolfgang Tobkus. W-o-l-f-g-a-n-g T-o-b-k-u-s.

2

Ich heiße Ursula Beyer. U-r-s-u-l-a B-e-y-e-r.

3

Ich heiße Irmgard Vocke. I-r-m-g-a-r-d V-o-c-k-e.

- İsimleri tekrar dinleyin ve sonra tek başınıza harf harf söyleyin. CD'de her harf, kontrol edebilmeniz için tekrarlanıyor.
- Harf harf söylemekte kendinizi henüz rahat hissetmiyorsanız sayfa 10'da bulunan alfabe alıştırmasını tekrar edebilirsiniz.

## 9 Adres vermek

CD 2 Track 7 – 9

- Önce adresleri gösteren bilgi formlarını inceleyin. Straße cadde, Nummer cadde numara, Postleitzahl posta kodu ve Ort şehir anlamına geliyor.
- CD'den adreslerin nasıl telaffuz edildiğini dinleyin.
- Sonra iki caddelerin ve şehrin nasıl harf harf söylendiğini dinleyin.
- Sonra tek başınıza harf harf söyleyin. CD'de kontrolünüz için her harf tekrar ediliyor.

Straße: Quergasse
Nummer: 9
Postleitzahl: 94342
Ort: Straßkirchen

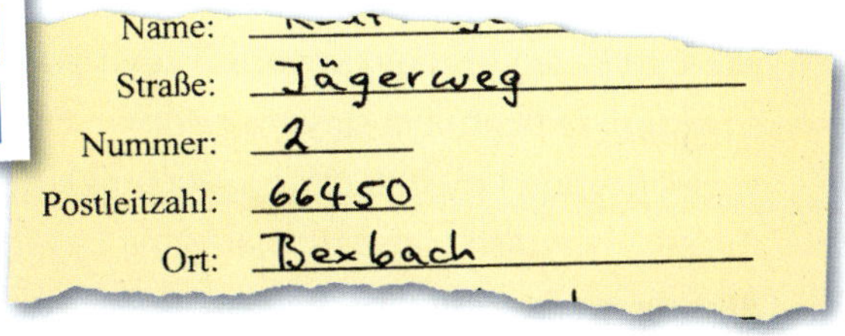

Name:
Straße: Jägerweg
Nummer: 2
Postleitzahl: 66450
Ort: Bexbach

## 10 İsminiz ve adresiniz

- Bu bilgi formunu kendi isim ve adresiniz ile doldurun.
- Sonra isminizi ve adresinizi yüksek sesle harf harf söyleyin. (Kendinizi emin hissetmiyorsanız CD'deki (6'inci parça) alfabeden yardım alabilirsiniz.)

| | |
|---|---|
| Vorname: ........................ | Familienname: ........................ |
| Straße: ........................ | Nummer: ........................ |
| Postleitzahl: ........................ | Ort: ........................ |

## 11 Özet

### a. Faydalı ifadeler

- Her ifadeyi çevirisi ile beraber bir fiş kartonuna yazın.

| | |
|---|---|
| Das Handy nehme ich. | Cep telefonunu alıyorum. |
| Dann muss ich noch ein Formular ausfüllen. | Sonra daha form doldurmam lâzım. |
| Wie ist Ihr Name? | İsminiz nedir? |
| Mein Vorname ist … | Adım … |
| Mein Familienname ist … | Soyadım … |
| Bitte buchstabieren Sie. | Lütfen harf harf söyleyin. |
| Wie ist Ihre Adresse? | Adresiniz nedir? |
| Ich brauche noch Ihre Unterschrift. | Bir de imzanız lâzım. |
| Natürlich. | Elbette. |
| Bitte bezahlen Sie an der Kasse. | Lütfen kasada ödeme yapın. |

| | | | |
|---|---|---|---|
| das Handy | cep telefonu | die Straße | cadde |
| das Formular | bilgi formu | die Postleitzahl | posta kodu |
| die Adresse | adres | der Ort | şehir |
| die Kasse | kasa | die Nummer | numara |

### b. Kültür ve günlük yaşam: isim ve adres

Doğumdan hemen sonra her çocuğa bir bireysel ad verilir. Adı anne baba seçer. Soyadı, anne babanın ikisinin de veya en azından birisinin taşıdığı isimdir. Nikahta kadın erkeğin soyadını veya erkek kadının soyadını alabilir. Herkes kendi soyadını da taşımaya devam edebilir. Diğerinin soyadını kendi soyadının önüne veya arkasına koyarak çift isim taşımak da mümkündür.
Adreste isimden sonra numarasıyla beraber cadde söylenir. Bunun altında da Almancası Postleitzahl olan posta koduyla beraber şehir (köy, kasaba, şehir) yer alır. Yurt dışından Almanya'ya mektup gönderdiğinde Postleitzahl'ın altına ayrıca "Almanya" yazmak gerekir.

# Das ist kein Geldautomat.
## Bu bir bankamatik değildir.

### Bu bölümde öğrenecekleriniz:
- Bankamatik kullanımında sorun yaşadığınızda nasıl yardım istenir?
- Bir yanlış anlaşılma nasıl açıklığa kavuşturulur?

### Faydalı kelimeler
- Aşağıdaki resimlere bakın.
  Bir sonraki sayfadaki resimli hikâyeyi daha iyi anlamak için size dört tane faydalı kelime gösteriliyor.

der Geldautomat
bankamatik

das Geld
para

der Fahrkartenautomat
bilet otomatı

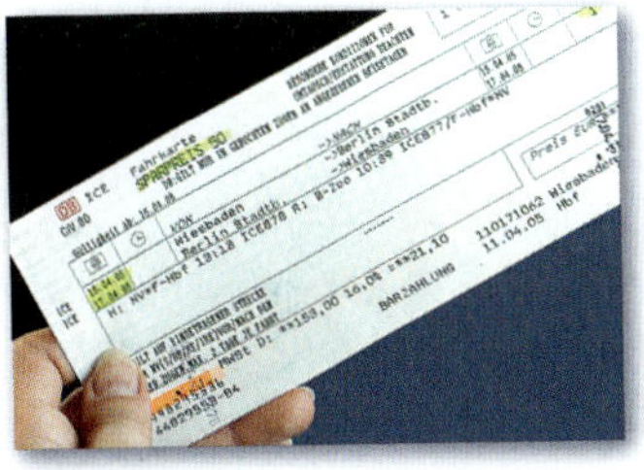

die Fahrkarte
bilet

CD 2 Track 10 – 11

- Bu kelimelerin telaffuzunu CD'den dinleyin.
- Kelimeleri tekrar edin.

## 1 "Bu bir bankamatik değildir."

- Altı resme sırayla bakın.
- Her resimde olan biteni hayâl etmeye çalışın.
- Kişilerin neler söyleyebileceklerini düşünün.

## 2 CD'deki hikâyeyi dinleyin.

CD 2 Track 12

- Hikâyeyi birkaç defa dinleyin ve sessizce okuyarak takip edin.
- Kelimelerin nasıl yazıldığını ve nasıl okunduğunu karşılaştırın.

## 3 Hikâyede neler olup bitiyor?

- İki özeti'de okuyun. Sadece bir tanesi gerçek anlamda hikâyeye uyuyor.
- İşaretleyin. Hangi özet doğrudur: A mı, B mi? ☒

**A** ☐ Bir kadın bir bankamatiğin önünde duruyor. Para çekmek istiyor. Fakat bankamatik arızalı. Genç bir adam başka nerede bir bankamatik bulunduğunu anlatıyor.

**B** ☐ Bir kadın para çekmek istiyor, fakat yanlış otomatın önünde duruyor. Genç bir adam ona bankamatiğin nerede olduğunu anlatıyor.

- Bulduğunuz sonucu çözüm anahtarıyla karşılaştırın (sayfa 237).

## 4 Kişiler tam olarak ne diyor?

- Almanca cümlelere uygun olan çeviriler hangileri?
- Örnekte olduğu gibi her Almanca cümleden uygun olan çeviriye bir çizgi çekiniz.

| | | | |
|---|---|---|---|
| A | Entschuldigung. Können Sie mir helfen? | 1. | Evet, buyrun? |
| B | Ja, bitte? | 2. | Bankamatik arızalı mı? |
| C | Ist der Geldautomat kaputt? | 3. | Bu bir bankamatik değildir. |
| D | Da kommt kein Geld. | 4. | Evet, elbette. Bu bir bilet otomatı. |
| E | Ja, klar. Das hier ist ein Fahrkarten-automat. | 5. | Para gelmiyor. |
| F | Das ist kein Geldautomat. | 6. | Affedersiniz. Bana yardım edebilir misiniz? |

(Örnek: A – 6)

| | | | |
|---|---|---|---|
| G | Ach so. Das ist gar kein Geldautomat. | 7. | Bankamatik nerede acaba? |
| H | Genau. Hier bekommen Sie kein Geld, nur Fahrkarten. | 8. | Evet. Burada para alamazsınız, sadece bilet. |
| I | Und wo ist der Geldautomat, bitte? | 9. | Tabii ki. Buradan sadece taşıt bileti alabilirsiniz, para değil. |
| J | Der Geldautomat ist dort. | 10. | Ah, sağolun. |
| K | Da bekommen Sie Geld. | 11. | Bankamatik orada. |
| L | Oh, vielen Dank. | 12. | Oradan para çekebilirsiniz. |

- Bulduğunuz sonucu çözüm anahtarıyla karşılaştırın (sayfa 237).

CD 2
Track
12

## 5 CD'yi birkaç defa daha dinleyin.

- Dinlerken gözlerinizi kapatın ve sahneyi hayâl etmeye çalışın.

## 6 Eksik olan kelimeleri boşluklara yazınız.

- Eksik olan kelimeyi kutudan seçiniz ve uygun olan yere yazınız.
- Kutudaki kelimenin üzerini çiziniz.

**kommt bitte helfen Sie kein ein Geldautomat**
**wo dort Vielen bekommen Geld Fahrkarten**

**A**
Entschuldigung, können .............. mir ..........................?

Ja, ......................?

**B**
Ist der ............................................. kaputt? Da ...................... kein Geld.

**C**
Ja, klar. Das hier ist ................ Geldautomat. Das ist ............ Fahrkartenautomat.

**D**
Ach so. Das ist gar kein Geldautomat.

Genau. Hier ..................................... Sie kein Geld, nur .............................................

**E**
Und ......... ist der Geldautomat, bitte?

**F**
Der Geldautomat ist .................
Da bekommen Sie .................

Oh. ......................... Dank.

- Bulduğunuz sonucu çözüm anahtarıyla karşılaştırın (sayfa 237).

CD 2
Track
13

## 7 Dinleyin ve tekrar edin.

- Hikâyeyi tekrar cümle cümle dinleyin ve her cümleyi yüksek sesle tekrar edin.
- Kendinizden emin olana kadar alıştırmayı tekrar edin.

## 8 Birkaç yeni kelime

CD 2
Track
14 – 15

- Aşağıdaki resimlere bakınız.

der Fernseher
televizyon
Das ist ein Fernseher.

der Computer
bilgisayar
Das ist ein Computer.

das Kochbuch
yemek kitabı
Das ist ein Kochbuch.

das Wörterbuch
sözlük
Das ist ein Wörterbuch.

die Waschmaschine
çamaşır makinesi
Das ist eine Waschmaschine.

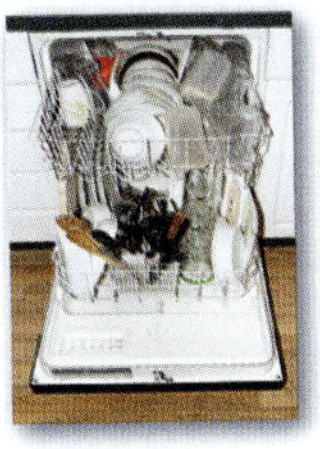

die Spülmaschine
bulaşık makinesi
Das ist eine Spülmaschine.

- Bu kelimelerin ve cümlelerin telaffuzunu CD'den dinleyin.
- Kelimeleri ve cümleleri tekrar edin.

## 9 Das ist ein ..., das ist kein ...

- Fotoğraflara bakın ve uygun olan kelimeyi ekleyin.

**Spülmaschine   Wörterbuch   Computer**

Das ist ein Fernseher.
Das ist kein
..............................................

Das ist eine
Waschmaschine.
Das ist keine
..............................................

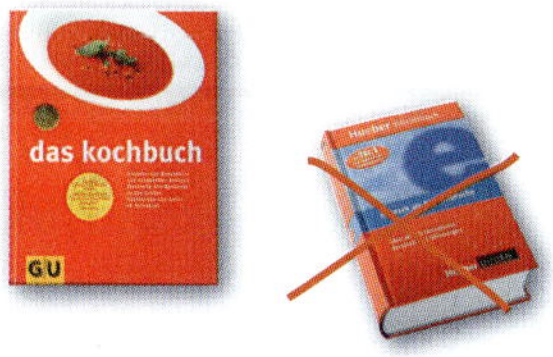


Das ist ein Kochbuch.
Das ist kein
..............................................

- Bulduğunuz sonucu çözüm anahtarıyla karşılaştırın (sayfa 237).

## 10 Özet

### a. Faydalı ifadeler

- Her ifadeyi çevirisi ile beraber bir fiş kartonuna yazın.

| | |
|---|---|
| Können Sie mir helfen? | Bana yardımcı olabilir misiniz? |
| Ist der Geldautomat kaputt? | Bankamatik arızalı mı? |
| Das ist gar kein Geldautomat. | Bu bankamatik değil. |
| Wo ist der Geldautomat, bitte? | Bankamatik nerede, acaba? |
| Da kommt kein Geld. | Para gelmiyor. |
| Hier bekommen Sie kein Geld, nur Fahrkarten. | Buradan para çekemezsiniz, sadece taşıt bileti. |
| Der Geldautomat ist dort. | Bankamatik orada. |
| Da bekommen Sie Geld. | Oradan para çekebilirsiniz. |
| Das ist ein Computer. | Bu bir bilgisayar. |
| Das ist eine Waschmaschine. | Bu bir çamaşır makinesi. |
| Das ist ein Kochbuch. | Bu bir yemek kitabı. |
| Das hier ist kein Geldautomat. | Bu bir bankamatik değildir. |
| Das ist keine Spülmaschine. | Bu bir bulaşık makinesi değildir. |
| Das ist kein Wörterbuch. | Bu bir sözlük değildir. |

| | | | |
|---|---|---|---|
| Ja, klar. | Evet, elbette. | der Computer | bilgisayar |
| Ach so. | Ah, anladım. | der Fahrkartenautomat | bilet otomatı |
| Genau. | Tabii. | der Geldautomat | bankamatik |
| Oh. | O. | die Fahrkarte | taşıt bileti |
| kaputt | arızalı | die Spülmaschine | bulaşık makinesi |
| nur | sadece | die Waschmaschine | çamaşır makinesi |
| wo? | nerede? | das Geld | para |
| dort | orada | das Kochbuch | yemek kitabı |
| da | orada | das Wörterbuch | sözlük |

### b. Kültür ve günlük yaşam: otomatlar

Almanca konuşulan ülkelerde bir çok tür otomat bulunur: örn. biletler, şekerlemeler, içecekler, gazeteler ve otopark biletleri gibi. Özellikle tren istasyonları gibi kalabalık mekanlarda. Çalışma biçimi kolay.Tuşlarla seçiminizi yaptıktan sonra gerektiği kadar para atarsınız ya da kredi kartı veya bankakartıyla ödersiniz istediğiniz ürünü alırsınız. Bazı bankamatiklerde, banka kartı ve şifre gereklidir.

Kapitel 8

# Das ist mein Bruder.

Bu benim erkek kardeşim.

## Bu bölümde öğrenecekleriniz:

- Aile üyelerinin adları, yaşları ve oturdukları yer hakkında nasıl konuşulur?
- Bu bilgileri kendiniz için nasıl verirsiniz?
- Yüze kadar on basamaklı sayılar.

## Faydalı kelimeler

- Aşağıdaki resimlere bakın.
  Bir sonraki sayfadaki resimli hikâyeyi daha iyi anlamak için size beş tane faydalı kelime gösteriliyor.

der Bruder
erkek kardeş

die Schwester
kız kardeş

die Mutter
anne

der Vater
baba

das Baby
bebek

CD 2
Track
16 – 17

- Bu kelimelerin telaffuzunu CD'den dinleyin.
- Kelimeleri tekrar edin.

## 1 "Bu benim erkek kardeşim."

- Resimlere sırayla bakın.
- Her resimde olan biteni hayâl etmeye çalışın.
- Kişilerin neler söyleyebileceklerini düşünün.

A

B

C

D

E

F

CD 2
Track
18

## 2 CD'deki hikâyeyi dinleyin.

- Hikâyeyi birkaç defa dinleyin ve sessizce okuyarak takip edin.

## 3 Hikâyede neler olup bitiyor?

- İki özeti'de okuyun. Sadece bir tanesi gerçek anlamda hikâyeye uyuyor.
- İşaretleyin. Hangi özet doğrudur: A mı, B mi? ☒

**A** ☐ Bir kadın Eva isimli kız kardeşini ziyaret ediyor. 30 yaşında ve Berlin'de oturuyor. Anne ve babaları da orada. Hep beraber aile fotoğraflarına bakıyorlar. Eva'nın bir bebeklik fotoğrafını özellikle çok şirin buluyorlar.

**B** ☐ Bir kadın bir tanıdığını ziyaret ediyor ve onun aile fotoğraflarına bakıyor. Tanıdık kardeşleri ve anne babası hakkında anlatıyor. Sonunda kadın tanıdığını bebek olarak gösteren bir fotoğrafı soruyor. Çok şirin buluyor.

- Bulduğunuz sonucu çözüm anahtarıyla karşılaştırın (sayfa 237).

## 4 İki kadın tam olarak ne diyor?

- Almanca cümlelere uygun olan çeviriler hangileri?
- Örnekte olduğu gibi her Almanca cümleden uygun olan çeviriye bir çizgi çekiniz.

| | | | |
|---|---|---|---|
| A | Ist das Ihr Bruder? | 1. | Bu benim kız kardeşim. |
| B | Ja, das ist mein Bruder. | 2. | Ya bu kim? |
| C | Er heißt Klaus. | 3. | Onun adı Eva. |
| D | Und wer ist das? | 4. | Bu erkek kardeşi mi? |
| E | Das ist meine Schwester. | 5. | Adı Klaus. |
| F | Sie heißt Eva. | 6. | Evet o benim erkek kardeşim. |

| | | | |
|---|---|---|---|
| G | Wie alt ist Ihre Schwester? | 7. | Bebek kim? |
| H | Sie ist 30 Jahre alt. Sie wohnt in Berlin. | 8. | Evet, bu annem ve bu da babam. |
| I | Ist das Ihre Mutter? | 9. | Ay, ne kadar şirin! |
| J | Ja, das ist meine Mutter und hier ist mein Vater. | 10. | Bebek benim. |
| K | Wer ist das Baby? | 11. | Bu anneniz mi? |
| L | Ich bin das Baby. | 12. | Kız kardeşiniz kaç yaşında? |
| M | Oh, wie süß! | 13. | O 30 yaşında. Berlin'de oturuyor. |

- Bulduğunuz sonucu çözüm anahtarıyla karşılaştırın (sayfa 237).

## 5 CD'yi birkaç defa daha dinleyin.

CD 2
Track
18

- Dinlerken gözlerinizi kapatın ve sahneyi hayâl etmeye çalışın.

## 6 Eksik olan kelimeleri boşluklara yazınız.

- Eksik olan kelimeyi kutudan seçiniz ve uygun olan yere yazınız.
- Kutudaki kelimenin üzerini çiziniz.

**meine   wer   wohnt   Ihre   das   Bruder**
**alt   bin   heißt   süß   Schwester**

**A**

Ist das Ihr ..........................?

Ja, das ist mein Bruder.
Er .................... Klaus.

**B**

Und ............ ist das?

Das ist meine ......................................
Sie heißt Eva.

**C**

Wie ........... ist Ihre Schwester?

Sie ist 30 Jahre alt.
Sie ..................... in Berlin.

**D**

Ist das ................ Mutter?

Ja, das ist ..................... Mutter und
hier ist mein Vater.

**E**

Wer ist ............ Baby?

**F**

Ich ............ das Baby.

Oh, wie ............!

- Bulduğunuz sonucu çözüm anahtarıyla karşılaştırın (sayfa 237).

## 7 Dinleyin ve tekrar edin.

CD 2
Track
19

- Hikâyeyi tekrar cümle cümle dinleyin ve her cümleyi yüksek sesle tekrar edin.
- Kendinizden emin olana kadar alıştırmayı tekrar edin.

## 8 Yüze kadar onlu rakamlar

CD 2
Track
20 – 21

- CD'den 10'dan 100'e kadar on basamaklı sayılar nasıl telaffuz edildiğini dinleyin. Aralarda rakamları tekrar edin.

| 10<br>zehn | 20<br>zwanzig | 30<br>dreißig | 40<br>vierzig | 50<br>fünfzig |
|---|---|---|---|---|
| 60<br>sechzig | 70<br>siebzig | 80<br>achtzig | 90<br>neunzig | 100<br>hundert |

## 9 Ben 20 yaşındayım.

CD 2
Track
22 – 23

- CD'den Anna'nın ne dediğini dinleyin ve aralarda tekrar edin.

- Soru ve cevabı çizgiyle birleştirin.

A Wie heißt sie?
B Wie alt ist sie?
C Wo wohnt sie?

1. Sie ist 20.
2. Sie wohnt in Hamburg.
3. Sie heißt Anna.

- Bulduğunuz sonucu çözüm anahtarıyla karşılaştırın (sayfa 237).

## 10 O 40 yaşında.

CD 2
Track
24 – 25

- CD'den ifadeleri dinleyin ve aralarda tekrar edin.

- Soru ve cevabı çizgiyle birleştirin.

A Wer ist 60 Jahre alt?
B Wohnt Eva in Wien?
C Wer wohnt in München?
D Ist Eva 40 Jahre alt?

1. Nein, sie wohnt in München.
2. Eva.
3. Ja.
4. Jörg.

- Bulduğunuz sonucu çözüm anahtarıyla karşılaştırın (sayfa 237).

## 11 Özet

### a. Faydalı ifadeler

- Her ifadeyi çevirisi ile beraber bir fiş kartonuna yazın.

| | |
|---|---|
| Wie heißt Ihr Bruder? | Erkek kardeşinizin adı ne? |
| Wie heißt Ihre Schwester? | Kız kardeşinizin adı ne? |
| Ist das Ihre Mutter? | Bu anneniz mi? |
| Wer ist das? | Bu kim? |
| Das ist mein Bruder. | Bu erkek kardeşim. |
| Er heißt Klaus. | Adı Klaus. |
| Er wohnt in Berlin. | Berlin'de oturuyor. |
| Das ist meine Schwester. | Bu kız kardeşim. |
| Sie heißt Eva. | Adı Eva. |
| Sie ist 30 Jahre alt. | O 30 yaşında. |
| Ich bin 20 Jahre alt. | Ben 20 yaşındayım. |
| Ich wohne in Wien. | Viyana'da oturuyorum. |
| die Mutter | anne |
| der Vater | baba |
| der Bruder | ekrek kardeş |
| die Schwester | kız kardeş |
| das Baby | bebek |

### b. Kültür ve günlük yaşam: aile

Ortalama bir aile; baba, anne ve bir iki çocuktan oluşuyor. Büyükanne ve büyükbaba genelde ayrı bir evde oturuyorlar. Çocuklar reşit olduğunda genelde anne babanın evinden ayrılırlar. Meslek eğitimi veya yüksek okul eğitimi farklı şehirlerde olduğu için bu çoğu kez gerekli.
Birçok genç kadın ve erkek yetişkin olduklarında tek başlarına oturmak istiyorlar. Birçok genç çift evlilikten önce de beraber oturuyorlar. Bu artık toplum tarafından kabul görüyor ve hukuki olarak da güvence altına alınmıştır.

Kapitel 9

# Fünf Bananen, bitte.
## Beş tane muz, lütfen.

### Bu bölümde öğrenecekleriniz:
- Haftalık pazarda alışveriş sohbetleri nasıl yapılır?
- Gıdalarda miktarlar nasıl ifade edilir?
- Kelimelerde tekil ve çoğul nasıl anlaşılır?

### Faydalı kelimeler
- Aşağıdaki resimlere bakın.
  Bir sonraki sayfadaki resimli hikâyeyi daha anlamak için size beş tane faydalı kelime gösteriliyor.

die Kartoffel
patatesler

die Kartoffeln
patates

der Apfel
elma

die Äpfel
elmalar

die Banane
muz

die Bananen
muzlar

die Birne
armut

die Birnen
armutlar

die Tomate
domates

die Tomaten
domatesler

CD 2
Track
26 – 27

- Bu kelimelerin telaffuzunu CD'den dinleyin.
- Kelimeleri tekrar edin.

## 1 "Beş tane muz, lütfen."

- Altı resme sırayla bakın.
- Her resimde olan biteni hayâl etmeye çalışın.
- Kişilerin neler söyleyebileceklerini düşünün.

A

B

C

D

E

F

CD 2 Track 28

## 2 CD'deki hikâyeyi dinleyin.

- Hikâyeyi birkaç defa dinleyin ve sessizce okuyarak takip edin.

## 3 Hikâyede neler olup bitiyor?

- İki özeti'de okuyun. Sadece bir tanesi gerçek anlamda hikâyeye uyuyor.
- İşaretleyin. Hangi özet doğrudur: A mı, B mi? ☒

**A** ☐ Bir kadın haftalık pazarda değişik meyve çeşitleri alıyor. Satıcı kadın o gün ucuz oldukları için domates de teklif ediyor. Fakat kadın reddediyor. Sadece 5 kilo patates de istiyor.

**B** ☐ Bir kadın süpermarkette bir kilo muz ve iki kilo patates alıyor. Ayrıca bugün ucuz oldukları için domates alıyor. Ne yazık ki patates alamıyor, çünkü çok ağırlar.

- Bulduğunuz sonucu çözüm anahtarıyla karşılaştırın (sayfa 237).

## 4 Pazarcı kadın ve müşteri tam olarak ne diyorlar?

- Almanca cümlelere uygun olan çeviriler hangileri?
- Örnekte olduğu gibi her Almanca cümleden uygun olan çeviriye çizgi çekiniz.

| | | | |
|---|---|---|---|
| A | Fünf Bananen, bitte. | 1. | Buyrun. |
| B | Und dann brauche ich noch acht Äpfel. | 2. | Kilosu 2 Euro 10. |
| C | Bitte sehr. | 3. | Beş muz lütfen. |
| D | Wie viel kosten die Birnen? | 4. | Buyrun. |
| E | Das Kilo kostet 2 Euro 10. | 5. | O zaman bana altı tane armut verin. |
| F | Dann geben Sie mir bitte sechs Birnen. | 6. | Ve ayrıca sekiz elma lazım. |
| G | Hier bitte. | 7. | Armutlar ne kadar? |

| | | | |
|---|---|---|---|
| H | Brauchen Sie Tomaten? | 8. | Hayır, 5 kilo patates de istiyorum. |
| I | Die sind heute billig. | 9. | Hepsi bu kadar mı? |
| J | Nein danke. | 10. | Dikkat, ağırdır. |
| K | Tomaten brauche ich nicht. | 11. | Bunlar bugün ucuz. |
| L | Ist das alles? | 12. | Domates lazım mı? |
| M | Nein, ich möchte noch fünf Kilo Kartoffeln. | 13. | Sorun değil. |
| N | Vorsicht, das ist schwer. | 14. | Hayır, sağolun. |
| O | Kein Problem. | 15. | Bana domates lâzım değil. |

- Bulduğunuz sonucu çözüm anahtarıyla karşılaştırın (sayfa 237).

CD 2 Track 28

## 5 CD'yi birkaç defa daha dinleyin.

- Dinlerken gözlerinizi kapatın ve sahneyi hayâl etmeye çalışın.

## 6 Eksik olan kelimeleri boşluklara yazınız.

- Eksik olan kelimeyi kutudan seçiniz ve uygun olan yere yazınız.
- Kutudaki kelimenin üzerini çiziniz.

**Äpfel brauche Vorsicht geben**
**Sie Kilo kosten alles Euro**
**Problem Hier heute Fünf**

**A**

.................. Bananen bitte. Und dann brauche ich noch acht .......................

Bitte sehr.

**B**

Wie viel ............................ die Birnen?

Das Kilo kostet 2 .................. 10.

**C**

Dann ....................... Sie mir bitte sechs Birnen.

.................. bitte.

**D**

Brauchen .............. Tomaten?
Die sind ....................... billig.

Nein danke.
Tomaten ................................ ich nicht.

**E**

Ist das ......................?

Nein, ich möchte noch fünf .............. Kartoffeln.

**F**

....................................., das ist schwer.

Kein ..................................

- Bulduğunuz sonucu çözüm anahtarıyla karşılaştırın (sayfa 237).

CD 2 Track 29

## 7 Dinleyin ve tekrar edin.

- Hikâyeyi tekrar cümle cümle dinleyin ve her cümleyi yüksek sesle tekrar edin.
- Kendinizden emin olana kadar alıştırmayı tekrar edin.

## 8 Bir elma, üç elma

CD 2
Track
30 – 31

- Çift olan kelimeleri dinleyin ve tekrar edin.

**ein Apfel   drei Äpfel   eine Banane   drei Bananen**
**eine Kartoffel   drei Kartoffeln**

- Altı çizime bakıp uygun olan açıklamayı altına yazın.

a. ..............................................

b. ..............................................

c. ..............................................

d. ..............................................

e. ..............................................

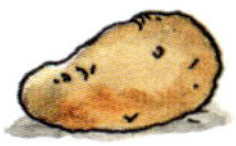

f. ..............................................

- Bulduğunuz sonucu çözüm anahtarıyla karşılaştırın (sayfa 237).

## 9 Doğru mu yanlış mı?

CD 2
Track
32

- Önce 12 cümleyi okuyun.
- Sonra 12 cümleyi CD'den dinleyin. Fakat dikkat! Sadece 6 cümle kelime kelime örneklerle örtüşüyor.
- Tamamen örtüşen cümleleri [r] (richtig) ile, diğer cümleleri [f] (falsch) ile işaretleyin.

1. Geben Sie mir bitte drei Äpfel. ☐
2. Geben Sie mir bitte fünf Tomaten. ☐
3. Geben Sie mir bitte zwei Bananen. ☐
4. Ich brauche drei Kilo Kartoffeln. ☐
5. Ich brauche zwei Kilo Birnen. ☐
6. Ich brauche vier Kilo Äpfel. ☐
7. Ich möchte drei Birnen und vier Äpfel. ☐
8. Ich möchte einen Apfel und vier Birnen. ☐
9. Ich möchte eine Birne und zwei Äpfel. ☐
10. Ich hätte gern ein Kilo Bananen und ein Pfund Tomaten. ☐
11. Ich hätte gern ein Kilo Tomaten und zwei Kilo Bananen. ☐
12. Ich hätte gern drei Pfund Tomaten und ein Pfund Bananen. ☐

- Bulduğunuz sonucu çözüm anahtarıyla karşılaştırın (sayfa 237).

## 10 Özet

### a. Faydalı ifadeler

• Her ifadeyi çevirisiyle beraber bir fiş kartonuna yazın ve arada bir tekrarlayın.

| | |
|---|---|
| Wie viel kostet der Apfel? | Elmanın fiyatı ne kadar? |
| Wie viel kosten die Kartoffeln? | Patatesin fiyatı ne kadar? |
| Ein Kilo Tomaten kostet 3 Euro. | Bir kilo domatesin fiyatı 3 Euro. |
| Ich brauche vier Bananen. | Bana dört muz lazım. |
| Ich hätte gern zwei Kilo Kartoffeln. | İki kilo patates lütfen. |
| Geben Sie mir bitte drei Tomaten. | Bana lütfen 3 domates verin. |
| Ich möchte vier Birnen. | Dört armut istiyorum. |
| Äpfel brauche ich nicht. | Bana elma lâzım değil. |
| Ist das alles? | Hepsi bu kadar mı? |
| | |
| das Kilo | kilo |
| die Kartoffel, die Kartoffeln | patates, patatesler |
| die Tomate, die Tomaten | domates, domatesler |
| die Banane, die Bananen | muz, muzlar |
| die Birne, die Birnen | armut, armutlar |
| der Apfel, die Äpfel | elma, elmalar |

### b. Kültür ve günlük yaşam: haftalık pazarda alışveriş

Taze meyve ve sebze her süpermarket ve özel manavlarda bulunur. Her şehirde ve kasabada en azından haftada bir defa seyyar tezgahlardan ve büfelerden oluşan pazarlar kurulur. Burada yerel ürünlere ağırlık verilir, ürünlerin bazıları doğrudan üreticiden gelir. Genel olarak bütün dünyadan gelen egzotik meyve ve sebze arzı artmaktadır.

Kapitel 10

# Der nächste Bus fährt um 15 Uhr 38.

## Bir sonraki otobüs saat 15:38'de kalkıyor.

### Bu bölümde öğrenecekleriniz:

- Taşıtların kalkış saatleri hakkında nasıl konuşulur?
- Taşıtların varış noktları hakkında nasıl konuşulur?
- 100'e kadar rakamlar.

### Faydalı kelimeler

- Aşağıdaki resimlere bakın.
  Bir sonraki sayfadaki resimli hikâyeyi daha iyi anlamak için size beş tane faydalı kelime gösteriliyor.

die Minute
dakika

die Stunde
saat

das Wochenende
hafta sonu

der Bus
otobüs

die Straßenbahn
tramvay

CD 2
Track
33 – 34

- Bu kelimelerin telaffuzunu CD'den dinleyin.
- Kelimeleri tekrar edin.

# 1 "Bir sonraki otobüs saat 15:38'de kalkıyor."

- Altı resme sırayla bakın.
- Her resimde olan biteni hayâl etmeye çalışın.
- Kişilerin neler söyleyebileceklerini düşünün.

## 2 CD'deki hikâyeyi dinleyin.

CD 2 Track 35

- Hikâyeyi birkaç defa dinleyin ve sessizce okuyarak takip edin.

## 3 Hikâyede neler olup bitiyor?

- İki özeti'de okuyun. Sadece bir tanesi gerçek anlamda hikâyeye uyuyor.
- İşaretleyin. Hangi özet doğrudur: A mı, B mi? ☒

**A** ☐ Bir adam otobüsle tren istasyonuna gitmek istiyor, fakat otobüsü kaçırdı ve bir sonraki otobüs ancak bir saat sonra kalkıyor. Başka bir adam ona tramvayla gitmesini tavsiye eder.

**B** ☐ Bir adam havalimanına gitmek istiyor fakat, havalimanına giden tramvay gitmiş. Başka bir adam ona otobüsle gitmesini tavsiye eder. Otobüs de havalimanına gider, fakat ancak bir saat sonra kalkıyor.

- Bulduğunuz sonucu çözüm anahtarıyla karşılaştırın (sayfa 237).

## 4 İki adam tam olarak ne diyor?

- Örnekte olduğu gibi her Almanca cümleden uygun olan çeviriye çizgi çekiniz.

| | | | |
|---|---|---|---|
| A | Entschuldigen Sie. Ist der Bus zum Bahnhof schon weg? | 1. | O büyük ihtimalle birazdan gelir. |
| B | Ja, Sie sind eine Minute zu spät. | 2. | Otobüs her zaman çok dakik. |
| C | Der Bus ist immer sehr pünktlich. | 3. | Ne yazık ki hayır. Sanırım, hafta sonları otobüs çok sık kalkmıyor. |
| D | Schade! Na ja, dann warte ich auf den nächsten Bus. | 4. | Evet, bir dakika geciktiniz. |
| E | Der kommt bestimmt bald. | 5. | Affedersiniz. İstasyona giden otobüs kalktı mı? |
| F | Leider nicht. Ich glaube, am Wochenende fährt der Bus nicht so oft. | 6. | Ne yazık! O zaman bir sonraki otobüsü bekliyorum. |

| | | | |
|---|---|---|---|
| G | Oh je! Das ist richtig. | 7. | Daha bir saat var! |
| H | Der nächste Bus fährt um 15 Uhr 38. | 8. | Orada şimdi geliyor. |
| I | Das dauert ja noch eine Stunde! | 9. | Oo, harika! |
| J | Nehmen Sie doch die Straßenbahn. | 10. | Evet, o da tren istasyonuna gidiyor. |
| K | Fährt die auch zum Bahnhof? | 11. | Tramvayla gidebilirsiniz. |
| L | Ja, die fährt auch zum Bahnhof. | 12. | Bu da tren istasyonuna gidiyor mu? |
| M | Da kommt sie gerade. | 13. | Bir sonraki otobüs saat 15:38'de kalkıyor. |
| N | Oh, prima! | 14. | Tüh, doğru. |

- Bulduğunuz sonucu çözüm anahtarıyla karşılaştırın (sayfa 237).

CD 2
Track
35

## 5 CD'yi birkaç defa daha dinleyin.

- Dinlerken gözlerinizi kapatın ve sahneyi hayâl etmeye çalışın.

## 6 Eksik olan kelimeleri boşluklara yazınız.

- Eksik olan kelimeyi kutudan seçiniz ve uygun olan yere yazınız.
- Kutudaki kelimenin üzerini çiziniz.

**pünktlich richtig gerade weg**
**Bus Straßenbahn bestimmt Stunde**
**Minute warte Fährt Wochenende**
**Leider prima**

**A**

Entschuldigen Sie. Ist der .............. zum Bahnhof schon ..............?

Ja, Sie sind eine ........................... zu spät. Der Bus ist immer sehr .........................................

**B**

Schade! Na ja, dann ...................... ich auf den nächsten Bus. Der kommt ................................... bald.

**C**

......................... nicht. Ich glaube, am ............................................ fährt der Bus nicht so oft.

**D**

Oh je! Das ist .............................. . Der nächste Bus fährt um 15 Uhr 38. Das dauert ja noch eine ...........................!

**E**

Nehmen Sie doch die ................................................... .

...................... die auch zum Bahnhof?

**F**

Ja, die fährt auch zum Bahnhof. Da kommt sie ........................... .

Oh, .......................!

- Bulduğunuz sonucu çözüm anahtarıyla karşılaştırın (sayfa 237).

CD 2
Track
36

## 7 Dinleyin ve tekrar edin.

- Hikâyeyi tekrar cümle cümle dinleyin ve her cümleyi yüksek sesle tekrar edin.
- Kendinizden emin olana kadar alıştırmayı tekrar edin.

## 8 13'ten 19'a kadar rakamlar

CD 2
Track
37 – 38

- CD'den 13'ten 19'a kadar rakamların nasıl telaffuz edildiğini dinleyin.
  Sonra aralarda rakamları tekrar edin.

| 13 | 14 | 15 | 16 | 17 | 18 | 19 |
|---|---|---|---|---|---|---|
| dreizehn | vierzehn | fünfzehn | sechzehn | siebzehn | achtzehn | neunzehn |

## 9 Saat kaç?

CD 2
Track
39

- CD2' den saatleri dinleyin.
- Duyduğunuz saati çarpı ile işaretleyin. ☒

**A**
- ☐ 13:17
- ☐ 17:13

**B**
- ☐ 16:14
- ☐ 14:16

**C**
- ☐ 15:18
- ☐ 18:15

**D**
- ☐ 19:14
- ☐ 19:17

**E**
- ☐ 18:13
- ☐ 18:16

- Bulduğunuz sonucu çözüm anahtarıyla karşılaştırın (sayfa 237).

## 10 21'den 29'a kadar rakamlar

CD 2
Track
40 – 41

- CD'den 21'ten 29'a kadar rakamların nasıl telaffuz edildiğini dinleyin.
  Sonra aralarda rakamları tekrar edin.

| | | |
|---|---|---|
| 21 einundzwanzig | 22 zweiundzwanzig | 23 dreiundzwanzig |
| 24 vierundzwanzig | 25 fünfundzwanzig | 26 sechsundzwanzig |
| 27 siebenundzwanzig | 28 achtundzwanzig | 29 neunundzwanzig |

## 11 Daha fazla rakamlarla ilgili birkaç soru

CD 2
Track
42

- Öncelikle örnekte olduğu gibi soruları çözün.
- CD'den rakamların nasıl telaffuz edildiğini dinleyin.
  Sonra aralarda rakamları tekrar edin.

| | | | |
|---|---|---|---|
| a. 2 und 20 ist 22 | b. 3 und 30 ist ....... | c. 4 und 40 ist ....... | d. 5 und 50 ist ....... |
| e. 6 und 60 ist ....... | f. 7 und 70 ist ....... | g. 8 und 80 ist ....... | h. 9 und 90 ist ....... |

- Bulduğunuz sonucu çözüm anahtarıyla karşılaştırın (sayfa 237).

## 12 Özet

### a. Faydalı ifadeler

• Her ifadeyi çevirisi ile beraber bir fiş kartonuna yazın.

| | |
|---|---|
| Entschuldigen Sie. | Affedersiniz. |
| Ist der Bus zum Bahnhof schon weg? | Tren istasyonuna giden otobüs kalktı mı? |
| Sie sind eine Minute zu spät. | Bir dakika geç kaldınız. |
| Der Bus ist immer sehr pünktlich. | Otobüs her zaman çok dakik. |
| Dann warte ich auf den nächsten Bus. | O zaman bir sonraki otobüsü beklerim. |
| Der kommt bestimmt bald. | O birazdan gelir. |
| Ich glaube, am Wochenende fährt der Bus nicht so oft. | Sanırım, haftasonları otobüs o kadar sık gelmiyor. |
| Das ist richtig. | Bu doğru. |
| Der nächste Bus fährt um … | Bir sonraki otobüs …'de. |
| Das dauert ja noch eine Stunde! | Daha bir saat var! |
| Nehmen Sie doch die Straßenbahn. | Tramvayla gidebilirsiniz. |
| Fährt die auch zum Bahnhof? | Bu da tren istasyonuna kadar gidiyor mu? |
| Ja, die fährt auch zum Bahnhof. | Evet, bu da tren istasyonuna kadar gidiyor. |
| Da kommt sie gerade. | Orada geliyor. |

| | |
|---|---|
| Schade. | Ne yazık. |
| Oh je! | Ne yazık! |
| Leider nicht. | Üzgünüm, hayır. |
| Na ja. | Ne yapalım. |
| Prima. | Harika. |

| | |
|---|---|
| der Bus, die Busse | Otobüs, otobüsler |
| die Straßenbahn, die Straßenbahnen | tramvay, tramvaylar |
| die Minute, die Minuten | Dakika, dakikalar |
| die Stunde, die Stunden | Saat, saatler |
| das Wochenende, die Wochenenden | Haftasonu, haftasonları |

### b. Kültür ve günlük yaşam

Özellikle kırsal alanlarda kamu ulaşımında otobüs en yaygın taşıt. Orta ölçekli ve büyük şehirlerde bir çok defa (örn. tren istasyonunda) gideceğiniz yere göre birkaç taşıt arasında seçme imkanına sahip olunur: Bus, Straßenbahn, U-Bahn (metro) veya S-Bahn (şehir treni). Hafta içi bu taşıtlar genelde 10 ve 20 dakika aralıkla gider, haftasonu aralıklar daha uzun olur. Birçok büyük şehirde biletler bütün taşıtlar için geçerlidir. Fiyatlar genelde uygundur, fakat sık sık gidildiğinde tek bilet yerine günlük, haftalık veya aylık bilet almak daha kârlı olabilir. En iyisi şehirde oturanlara en uygun çözümü sormaktır.

# Rückblick B
## Geriye Bakış B

### 1 Kendiniz ve başkaları hakkında bilgi vermek

• Kelimeleri uygun boşluklara yazın.

**~~heiße~~ wohne komme bin** **~~heißt~~ wohnt kommt ist**

a.
Ich heiße Angelika Wilmers.
Ich bin 26 Jahre alt.
Ich komme aus Frankfurt,
aber ich wohne in Köln.

b.
Mein Bruder heißt Andreas Wilmers.
Er ........ 23 Jahre alt.
Er ........ natürlich auch aus Frankfurt,
aber er ........ in Stuttgart.

• Bulduğunuz sonucu çözüm anahtarıyla karşılaştırın (sayfa 237).

### 2 Kişisel bilgileri anlamak ve not etmek

CD 2
Track
43 – 44

• Bilgilerin nasıl harf harf söylendiğini CD'den dinleyin.
• Kelimeleri ve rakamları boşluklara yazın.

a.
Vorname: ........
Familienname: ........
Straße: ........ straße Nummer: ........
Postleitzahl: ........ Ort: ........

b.
Vorname: ........
Familienname: ........
Straße: ........ straße Nummer: ........
Postleitzahl: ........ Ort: ........

• Bulduğunuz sonucu çözüm anahtarıyla karşılaştırın (sayfa 237).

## 3 Aile üyeleri hakkında konuşmak

- Uygun kelimeleri boşluklara yazın.

**Ihr  Ihre  Er  Sie  Sie  mein  meine**

a. Ist das Ihr Vater? – Ja, das ist ........................ Vater.
Er ist 54 Jahre alt.

b. Ist das ........................ Mutter? – Ja, das ist meine Mutter.
........................ ist 49 Jahre alt.

c. Ist das ........................ Bruder? – Ja, das ist mein Bruder.
........................ heißt Klaus.

d. Ist das Ihre Schwester? – Ja, das ist ........................ Schwester.
........................ wohnt in Berlin.

- Bulduğunuz sonucu çözüm anahtarıyla karşılaştırın (sayfa 237).

## 4 Bu nedir? Bu ne değildir?

- Hangi cümleler hangi resimlere uyuyor? Resmin numarasını not edin.

1

2

3

4

5

a. Das ist keine Tomate. Das ist ein Apfel. ☐
b. Das ist kein Apfel. Das ist eine Birne. ☐
c. Das ist keine Birne. Das ist eine Kartoffel. ☐
d. Das ist keine Kartoffel. Das ist eine Banane. ☐
e. Das sind keine Bananen. Das sind Pommes frites. ☐

- Bulduğunuz sonucu çözüm anahtarıyla karşılaştırın (sayfa 237).

## 5 Bir şey almak

- Ne diyebilirsiniz? İşaretleyin: Richtig veya Falsch
- Her soru icin iki tane doğru ifade vardır.

a. Haftalık pazardasınız ve domates almak istiyorsunuz.

| | | |
|---|---|---|
| 1. Ich möchte Tomaten. | Richtig | Falsch |
| 2. Tomaten brauche ich nicht. | Richtig | Falsch |
| 3. Geben Sie mir bitte Tomaten. | Richtig | Falsch |

b. Alışverişinizi tamamladınız ve toplam tutarı soruyorsunuz.

| | | |
|---|---|---|
| 1. Wie viel kostet das? | Richtig | Falsch |
| 2. Was macht das? | Richtig | Falsch |
| 3. Ist das alles? | Richtig | Falsch |

c. Bir alışveriş merkezindesiniz ve bir çanta almak istiyorsunuz.

| | | |
|---|---|---|
| 1. Ich hätte gern eine Tasche. | Richtig | Falsch |
| 2. Ich brauche eine Tasche. | Richtig | Falsch |
| 3. Ich brauche keine Tasche. | Richtig | Falsch |

d. Bir cep telefonuna karar verdiniz ve satıcıya onu satın almak istediğinizi söylüyorsunuz.

| | | |
|---|---|---|
| 1. Bezahlen Sie bitte das Handy. | Richtig | Falsch |
| 2. Geben Sie mir bitte das Handy. | Richtig | Falsch |
| 3. Das Handy nehme ich. | Richtig | Falsch |

Bulduğunuz sonucu çözüm anahtarıyla karşılaştırın (sayfa 237).

## 6 Bu ne kadar?

CD 2
Track
45 – 50

- Durumları CD'den dinleyin.
- Hangi fiyatlar doğru?
- Örnekteki gibi işaretleyin: a, b veya c.

| | | |
|---|---|---|
| 1. [a] 13 Euro 35<br>[b] 30 Euro 53 (✗)<br>[c] 35 Euro 13 | 2. [a] 19 Euro 95<br>[b] 90 Euro 95<br>[c] 15 Euro 95 | 3. [a] 71 Euro 70<br>[b] 17 Euro 71<br>[c] 70 Euro 71 |
| 4. [a] 99 Euro 99<br>[b] 19 Euro 19<br>[c] 99 Euro 19 | 5. [a] 54 Euro 50<br>[b] 45 Euro 50<br>[c] 50 Euro 50 | 6. [a] 63 Euro 60<br>[b] 36 Euro 60<br>[c] 16 Euro 30 |

- Bulduğunuz sonucu çözüm anahtarıyla karşılaştırın (sayfa 237).

## 7 Bir armut – iki armut

• Uygun kelimeleri boşluklara yazınız.

**Birnen ~~Birne~~ Züge Brötchen Formulare Äpfel Zug Taxis Formular Brötchen Taxi Apfel**

a.  eine Birne

b.  zwei ..........

c.  ein ..........

d.  drei ..........

e.  ein ..........

f.  vier ..........

g.  ein ..........

h.  zwei ..........

i.  ein ..........

j.  zwei ..........

k.  ein ..........

l.  zwei ..........

• Bulduğunuz sonucu çözüm anahtarıyla karşılaştırın (sayfa 237).

## 8 Domates bugün ucuz.

• Uygun kelimeleri boşluklara yazınız.

**ist ist ist ist sind sind sind sind**

a. Die Tomaten .......... heute billig.
b. Der Computer .......... kaputt.
c. Die Tasche .......... schwer.
d. Die Kartoffeln .......... heute nicht billig.
e. Der Bus .......... schon weg.
f. Die Züge .......... heute pünktlich.
g. Es .......... 13 Uhr 17.
h. Die Geldautomaten .......... nicht kaputt.

• Bulduğunuz sonucu çözüm anahtarıyla karşılaştırın (sayfa 237).

## 9 Bu durumlarda ne diyorsunuz?

- Durumların anlatımını dinleyin.
- Uygun ifadeleri işaretleyin ☒.

| | | | | |
|---|---|---|---|---|
| A | Tren istasyon binasında otomatın önünde duruyorsunuz ve nasıl kullanacağını bilmiyorsunuz. Geçen insanlardan birisine hitap ediyorsunuz. | 1.<br>2. | Können Sie mir helfen?<br>Wie geht es Ihnen? | ☐<br>☐ |

| | | | | |
|---|---|---|---|---|
| B | Birisi size havalimanına nasıl gidileceğini soruyor. Otobüsle gitmesini tavsiye ediyorsunuz. | 1.<br>2. | Der Bus ist schon weg.<br>Nehmen Sie doch den Bus. | ☐<br>☐ |

| | | | | |
|---|---|---|---|---|
| C | Birisi size bilet otomatının bozuk olup olmadığını soruyor. Bankamitigin önünde durduğunu ve buradan bilet alamayacağını fark ediyorsunuz. | 1.<br>2. | Hier bekommen Sie nur Geld, keine Fahrkarten.<br>Hier bekommen Sie nur Fahrkarten, kein Geld. | ☐<br>☐ |

| | | | | |
|---|---|---|---|---|
| D | Haftalık pazardan alışveriş yapıyorsunuz. Satıcı size domates isteyip istemediğinizi soruyor. Fakat size lâzım değil. | 1.<br>2. | Ja, klar.<br>Nein, danke. | ☐<br>☐ |

| | | | | |
|---|---|---|---|---|
| E | Birisine bilgi verdiniz. Kişi samimi bir şekilde teşekkür ediyor. Siz nasıl davranıyorsunuz? | 1.<br>2. | Ja, bitte?<br>Bitte sehr. | ☐<br>☐ |

| | | | | |
|---|---|---|---|---|
| F | Televizyon aldınız. Satıcı sizi televizyonun çok ağır olduğu konusunda uyarıyor. Fakat bu sizin için sorun değil. | 1.<br>2. | Kein Problem!<br>Schade! | ☐<br>☐ |

- Bulduğunuz sonucu çözüm anahtarıyla karşılaştırın (sayfa 237).

## 10 Sorular ve cevaplar

- Her soruya uygun olan cevabı çizgi çekerek bağlayın.

| | | | |
|---|---|---|---|
| A | Kommt der Zug bald? | 1. | Ja, das ist schon weg. |
| B | Fährt die Straßenbahn zum Bahnhof? | 2. | Die sind hier. |
| C | Nehmen Sie das Handy? | 3. | Ja, die fährt zum Bahnhof. |
| D | Sind die Äpfel heute billig? | 4. | Nein, die ist nicht kaputt. |
| E | Wo ist der Geldautomat, bitte? | 5. | Ja, der kommt bestimmt bald. |
| F | Ist die Waschmaschine kaputt? | 6. | Ja, das nehme ich. |
| G | Ist das Taxi schon weg? | 7. | Der ist dort. |
| H | Wo sind die Bananen? | 8. | Nein, die sind heute nicht billig. |

- Bulduğunuz sonucu çözüm anahtarıyla karşılaştırın (sayfa 237).

## 11 Daha fazla soru ve cevap

- Uygun olan soru kelimelerini boşluklara yazın.
- Doğru soru kelimeleri bulmak için cevaplara dikkat edin.

**Wer Wann ~~Wie~~ Wie spät Wo Wie alt Was Woher**

a. Wie ........ heißen Sie, bitte? – Ich heiße Ratana Luandee.
b. ........ kommen Sie? – Ich komme aus Thailand.
c. ........ wohnen Sie, bitte? – In München.
d. ........ ist das Baby? – Das ist meine Schwester.
e. ........ ist Ihr Vater? – Er ist 64 Jahre alt.
f. ........ ist es, bitte? – Es ist 17 Uhr 43.
g. ........ fährt der nächste Bus? – Um 13 Uhr 17.
h. ........ kosten die Kartoffeln? – 2 Euro 50.

- Bulduğunuz sonucu çözüm anahtarıyla karşılaştırın (sayfa 237).

## Ve bu şekilde devam ediyor:

Sonraki beş bölümde randevulaşan, daire kiralayan, tatilde olan veya tatile giden insanlarla karşılaşacaksınız. Ayrıca iş yerleri, meslekler, boş zaman akitiviteleri, hava durumu ve mevsimler hakkında bir şeyler öğreneceksiniz. Ayrıca samimi arkadaşlara nasıl hitap edeceğinizi ve bir şey arayan birisine nasıl yardımcı olacağınızı öğreneceksiniz.

# Hast du am Dienstag Vormittag Zeit?

## Salı günü öğleden önce vaktin var mı?

### Bu bölümde öğreneceklериniz:

- Özel bir randevu nasıl ayarlanır?
- Vaktin olup olmadığı nasıl ifade edilir?
- Samimi arkadaşlara nasıl hitap edilir?

### Faydalı kelimeler

- Aşağıdaki resimlere bakın. Bir sonraki sayfadaki resimli hikâyeyi daha iyi anlamak için size altı tane faydalı kelime gösteriliyor.

Fußball spielen
Futbol oynamak

lernen
öğrenmek, ders çalışmak

das Café
Kafe

der Dienstag
salı

der Mittwoch
çarşamba

der Donnerstag
perşembe

CD 2
Track
51 – 52

- Bu kelimelerin telaffuzunu CD'den dinleyin.
- Kelimeleri tekrar edin.

## 1 "Salı günü öğleden önce vaktin var mı?"

- Altı resme sırayla bakın.
- Her resimde olan biteni hayâl etmeye çalışın.
- Kişilerin neler söyleyebileceklerini düşünün.

## 2 Hikâyede neler olup bitiyor?

CD 2 Track 53

- Hikâyeyi birkaç defa dinleyin ve sessizce okuyarak takip edin.
- İşaretleyin. Hangi özet doğrudur: A mı, B mi? ☒

**A** ☐ Bir kadın kız arkadaşıyla kafeye gitmek istiyor. Kız arkadaşının çarşamba günü de öğlen vakti yok ve perşembe günü doktorda randevusu var. Fakat cuma günü akşam 6'da müsait.

**B** ☐ Bir kadın kız arkadaşıyla kafeye gitmek istiyor. Kız arkadaşı salı günü müsait değil. Çarşamba günü de öğlen futbol oynadığı için vakti yok. Fakat perşembe günü öğleden sonra saat 4.30'da müsait.

- Bulduğunuz sonucu çözüm anahtarıyla karşılaştırın (sayfa 237).

## 3 Kişiler tam olarak ne diyor?

- Örnekte olduğu gibi her Almanca cümleden uygun olan çeviriye çizgi çekiniz.

| | |
|---|---|
| A Hallo, Lena. Wollen wir mal wieder zusammen in die Stadt gehen? | 1. Salı günü öğleden önce vaktin var mı? |
| B Ja, gern. Wann denn? | 2. Merhaba Lena. Bir gün beraber şehre inelim mi? |
| C Hast du am Dienstag Vormittag Zeit? | 3. Tamam, o gün beraber ders çalışıyorsunuz. |
| D Tut mir leid. Da geht es nicht. Da lerne ich zusammen mit Anna. | 4. Çarşamba günü öğlen saat 13 civarında müsait olur musun? |
| E Ach so, da lernt ihr zusammen. | 5. Evet, memnuniyetle. Ne zaman? |
| F Kannst du vielleicht am Mittwoch Mittag, so gegen 13 Uhr? | 6. Üzgünüm. O gün olmaz. O gün Anna ile beraber ders çalışacağım. |

| | |
|---|---|
| G Da kann ich leider auch nicht. Da spielen wir Fußball. | 7. Peki perşembe günü öğleden sonra müsait olur musun? |
| H Ah ja, richtig. Da spielt ihr ja jede Woche Fußball. | 8. O zaman da müsait değilim. O zaman futbol oynuyoruz. |
| I Geht es dann am Donnerstag Nachmittag? | 9. Harika. O zaman 16.30. Pazardaki kafede buluşalım mı? |
| J Da habe ich um 14 Uhr einen Termin beim Arzt. Aber wie ist es mit halb fünf? | 10. Ah, evet, doğru. Her hafta o gün futbol oynuyorsunuz. |
| K Wunderbar. Also dann um 16 Uhr 30. Treffen wir uns im Café am Markt? | 11. O zaman saat 14.oo'te doktorda randevum var. Fakat dört buçuk nasıl? |
| L Ja, super. Tschüs. Bis dann. | 12. Evet, harika. Görüşürüz |

- Bulduğunuz sonucu çözüm anahtarıyla karşılaştırın (sayfa 237).

## 4 CD'yi birkaç defa daha dinleyin.

CD 2 Track 53

## 5 Eksik olan kelimeleri boşluklara yazınız.

- Eksik olan kelimeyi kutudan seçiniz ve uygun olan yere yazınız.

**Zeit Hallo lernt Hast lerne kann Kannst spielen spielt halb habe Tschüs Treffen**

**A**

............ Lena. Wollen wir mal wieder zusammen in die Stadt gehen?

Ja, gern. Wann denn?

**B**

.................. du am Dienstag Vormittag .................?

Tut mir leid. Da geht es nicht. Da ........................ ich zusammen mit Anna.

**C**

Ach so, da ..................... ihr zusammen. ........................... du vielleicht am Mittwoch Mittag, so gegen 13 Uhr?

Da ................. ich leider auch nicht. Da ............................ wir Fußball.

**D**

Ah ja, richtig. Da ........................ ihr ja jede Woche Fußball. Geht es dann am Donnerstag Nachmittag?

Da ................. ich um 14 Uhr einen Termin beim Arzt. Aber wie ist es mit ..................... fünf?

**E**

Wunderbar. Also dann um 16 Uhr 30. ............................ wir uns im Café am Markt?

**F**

Ja, super. ........................... . Bis dann.

- Bulduğunuz sonucu çözüm anahtarıyla karşılaştırın (sayfa 237).

## 6 Dinleyin ve tekrar edin.

CD 2 Track 54

- Hikâyeyi tekrar cümle cümle dinleyin ve her cümleyi yüksek sesle tekrar edin.
- Kendinizden emin olana kadar alıştırmayı tekrar edin.

## 7 Haftanın Günleri

CD 2
Track
55 – 56

- Günleri CD'den dinleyin ve tekrar edin.

die Wochentage
haftanın günleri

| | | | | | | |
|---|---|---|---|---|---|---|
| **Mo**ntag | **Di**enstag | **Mi**ttwoch | **Do**nnerstag | **Fr**eitag | **Sa**mstag | **So**nntag |
| pazartesi | salı | çarşamba | perşembe | cuma | cumartesi | pazar |

## 8 Birkaç yeni kelime

CD 2
Track
57 – 58

- Kelimeleri CD'den dinleyin ve sonra tekrar edin.

das Restaurant
restoran

das Schwimmbad
havuz

das Konzert
konser

Karten spielen
kağıt oynamak

## 9 Lena ve Iris

CD 2
Track
59 – 61

- Sohbeti dinleyin.
- Doğrusu nedir? İşaretleyin. ☒

a. Lena möchte mit Iris
1. ins Schwimmbad gehen. ☐
2. ins Restaurant gehen. ☐
3. ins Konzert gehen. ☐

b. Iris kann
1. am Montag um halb vier. ☐
2. am Dienstag um halb fünf. ☐
3. am Wochenende nicht. ☐

c. Iris
1. spielt am Montag Fußball. ☐
2. spielt am Samstag Fußball. ☐
3. spielt am Sonntag Karten. ☐

- Bulduğunuz sonucu çözüm anahtarıyla karşılaştırın (sayfa 237).

## 10 Özet

### a. Faydalı ifadeler

- Her ifadeyi çevirisi ile beraber bir fiş kartonuna yazın.

| | |
|---|---|
| Wollen wir mal wieder zusammen … ? | Bir defa tekrar … mı? |
| in die Stadt gehen | şehre gitmek |
| Wann denn? | Ne zaman? |
| Hast du am … Zeit? | … vaktin var mı? |
| Kannst du vielleicht am …, so gegen … Uhr? | … civarında müsait olur musun? |
| Um halb fünf. | Dört buçukta. |
| Geht es dann am …? | …'de olur mu? |
| Da geht es nicht. | O zaman olmaz. |
| Da kann ich leider auch nicht. | Maalesef o zaman da müsait değilim. |
| Da spielen wir Fußball. | O zaman futbol oynuyoruz. |
| Aber halb fünf ist wunderbar. | Fakat dört buçuk çok iyi. |
| Treffen wir uns im …? | …'de buluşalım mı? |
| Also dann um … Uhr. | O zaman saat …'de. |

| | | | | | |
|---|---|---|---|---|---|
| Hallo, … | Merhaba, … | Super. | Süper. | Ach so. | Anladım |
| Tschüs. | Tschüs. | Wunderbar. | Harika. | Ja, gern. | Evet, memnuniyetle |
| Bis dann. | Görüşürüz. | Ah ja. | Hm tamam. | Tut mir leid. | Üzgünüm. |

| | |
|---|---|
| der Arzt, die Ärzte | doktor |
| der Fußball, die Fußbälle | futbol |
| die Karte, die Karten | kart |
| das Konzert, die Konzerte | konser |
| das Restaurant, die Restaurants | restoran |
| das Schwimmbad, die Schwimmbäder | havuz |
| die Stadt, die Städte | şehir |
| der Termin, die Termine | randevu |
| die Woche, die Wochen | hafta |
| der Wochentag, die Wochentage | haftanın günü |
| die Zeit | zaman |
| der Mittag | öğlen |
| der Nachmittag | öğleden sonra |
| vielleicht | müsait |
| der Vormittag | öğleden önce |

### b. Kültür ve günlük yaşam: Du veya Sie?

Genç insanlar, örn. öğrenciler ve üniversite öğrencileri, genelde senli benli konuşur. Arkadaşlar da, yaştan bağımsız, birbirlerine sen diye hitap eder. Yetişkinler çocuklara da genel olarak du derler. Aile arasında da normalde sen diye hitap edilir. Diğer durumlarda karşıdakine siz diye hitap edilir.
Bir grup insana aile arasında ihr diye hitap edilir. Aile içinde selamlaşmak için Hallo, vedalaşmak için Tschüs kullanılır.

# Ich suche eine Wohnung.

## Ev arıyorum.

### Bu bölümde öğrenecekleriniz:

- Bir gazete ilanının içeriği nasıl anlaşılır.
- Bir ev ilanının avantaj ve dezavantajları hakkında nasıl konuşulur.

### Faydalı kelimeler

- Aşağıdaki resimlere bakın.
  Bir sonraki sayfadaki resimli hikâyeyi daha iyi anlamak için size beş tane faydalı kelime gösteriliyor.

die Wohnung
daire

die Zeitung
gazete

die Anzeige
ilan

der Balkon
balkon

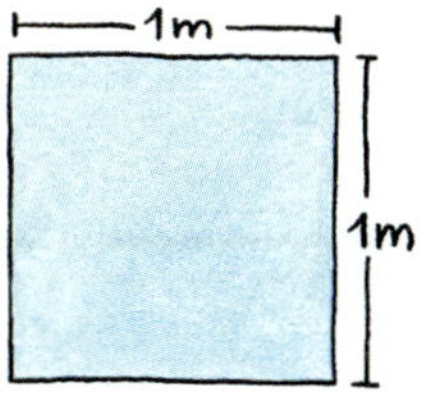


der Quadratmeter
metrekare

CD 3
Track
1 – 2

- Bu kelimelerin telaffuzunu CD'den dinleyin ve tekrar edin.

## 1 "Ev arıyorum."

- Altı resme sırayla bakın.
- Her resimde olan biteni hayâl etmeye çalışın.
- Kişilerin neler söyleyebileceklerini düşünün.

## 2 Hikâyede neler olup bitiyor?

CD 3 Track 3

- Hikâyeyi birkaç defa dinleyin ve sessizce okuyarak takip edin.
- İşaretleyin. Hangi özet doğrudur: A mı, B mi? ☒

**A** ☐ Bir adam ev aradığı için ilanları okuyor. Arkadaşı ona yardım ediyor. Bir ilanda uygun ve balkonlu bir ev buluyorlar. Adam ev sahibini arıyor ve hemen evi görmeye gidebilir. Arkadaşı da ona eşlik ediyor.

**B** ☐ Bir adam dairesi için ikinci el mobilya almak istiyor. Arkadaşında bir gazete var ve beraber satış ilanlarını okuyorlar. Birkaç uygun fırsat buluyorlar ve açılış saatlerini öğrenmek için hemen telefon açıyorlar.

- Bulduğunuz sonucu çözüm anahtarıyla karşılaştırın (sayfa 237).

## 3 İki erkek tam olarak ne diyor?

- Örnekte olduğu gibi her Almanca cümleden uygun olan çeviriye çizgi çekiniz.

| | | | |
|---|---|---|---|
| A | Was machst du? | 1. | Ama kira! |
| B | Ich suche eine Wohnung. | 2. | Bu daire nasıl? |
| C | In der Zeitung sind heute viele Anzeigen. | 3. | Yeni ve 65 metrekare büyüklüğünde. |
| D | Wie findest du die Wohnung hier? | 4. | Fazla büyük değil, ama uygun. |
| E | Sie ist neu und 65 Quadratmeter groß. | 5. | Bugün gazetede çok ilan var. |
| F | Aber die Miete! | 6. | Ne yapıyorsun? |
| G | Die Wohnung ist zu teuer. | 7. | Bir daire arıyorum. |
| H | Und diese Wohnung? | 8. | Ya bu daireyi nasıl buluyorsun? |
| I | Sie ist nicht so groß, aber sie ist günstig. | 9. | Daire fazla pahalı. |

| | | | |
|---|---|---|---|
| J | Nicht schlecht. Sie hat einen Balkon. | 10. | Ev sahibinin telefon numarası burada yazıyor. |
| K | Einen Balkon finde ich wichtig. | 11. | Kötü değil. Balkonu var. |
| L | Da steht die Telefonnummer vom Vermieter. | 12. | Daireye hemen bakabilirim. |
| M | Willst du gleich anrufen? | 13. | Sen de gelmek ister misin? |
| N | Ja, gute Idee. | 14. | Balkon benim için önemli. |
| O | Ich kann die Wohnung sofort besichtigen. | 15. | Hemen aramak ister misin? |
| P | Willst du mitkommen? | 16. | Evet iyi fikir. |

- Bulduğunuz sonucu çözüm anahtarıyla karşılaştırın (sayfa 237).

## 4 CD'yi birkaç defa daha dinleyin.

CD 3
Track
3

- Dinlerken gözlerinizi kapatın ve durumu kafanızda canlandırın.

## 5 Eksik olan kelimeleri boşluklara yazınız.

- Eksik olan kelimeyi kutudan seçiniz ve uygun olan yere yazınız.

**Vermieter   Wohnung   teuer   besichtigen**
**wichtig   groß   Quadratmeter   Balkon**
**Anzeigen   mitkommen   anrufen   günstig**

**A**

Was machst du?

Ich suche eine ............................... .
In der Zeitung sind heute viele
................................... .

**B**

Wie findest du die Wohnung hier? Sie ist neu und
65 ....................................................... groß.

Aber die Miete!
Die Wohnung ist zu ..................... .

**C**

Und diese Wohnung? Sie ist nicht
so ................, aber sie ist ............................. .

**D**

Nicht schlecht. Sie hat einen
.......................... . Einen Balkon finde ich
............................... .

**E**

Da steht die Telefonnummer
vom ...................................... .
Willst du gleich ............................?

Ja, gute Idee.

**F**

Ich kann die Wohnung sofort
................................................ .
Willst du ........................................?

Na klar!

- Bulduğunuz sonucu çözüm anahtarıyla karşılaştırın (sayfa 237).

## 6 Dinleyin tekrar edin.

CD 3
Track
4

- Kendinizden emin olana kadar alıştırmayı tekrar edin.

## 7 Birkaç yeni kelime

CD 3
Track
5 – 6

- Resimlere bakınız.
- CD'deki yeni kelimeleri dinleyin ve tekrar edin.

die Küche
mutfak

das Apartment
daire

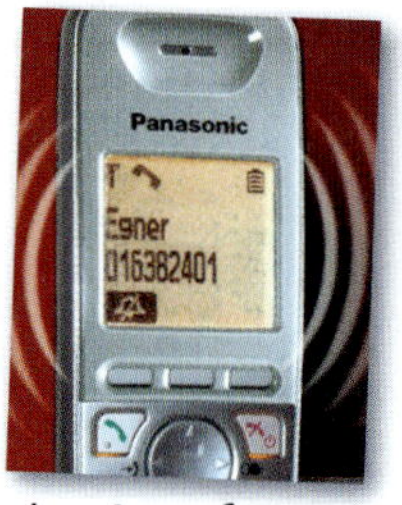


der Anruf
çağrı

## 8 Ev ilanı

CD 3 Track 7

- İlanı okuyun ve sonra metni CD'den dinleyin.

**Apartment,**
2 Zimmer, Küche , Bad, Balkon,
42 m², Miete 520,- Euro
Telefon 47 87 23, Anruf nach 18 Uhr

- Aşağıdaki altı cümleyi dinleyin. Hangileri doğru hangileri yanlış?
- İşaretleyin: Richtig (doğru) veya Falsch (yanlış).

| | | | |
|---|---|---|---|
| a. | Das Apartment hat drei Zimmer. | Richtig | Falsch |
| b. | Die Miete ist fünfhundertzwanzig Euro. | Richtig | Falsch |
| c. | Die Telefonnummer ist vierundsiebzig achtundzwanzig dreiundsiebzig. | Richtig | Falsch |
| d. | Das Apartment hat einen Balkon. | Richtig | Falsch |
| e. | Das Apartment ist zweiundvierzig m² groß. | Richtig | Falsch |

- Bulduğunuz sonucu çözüm anahtarıyla karşılaştırın (sayfa 237).

## 9 Hangi cümleleri dinliyorsunuz?

CD 3 Track 8

- Cümleleri okuyun.
- Sonra CD'den cümleleri dinleyin.
- Dinlerken tanıdığınız cümleyi işaretleyin. ☒

a. 1. Ich suche eine Wohnung. ☐
   2. Ich suche ein Apartment. ☐

b. 1. Das Apartment ist 25 m² groß. ☐
   2. Die Wohnung ist 30 m² groß. ☐

c. 1. Die Wohnung hat zwei Balkone. ☐
   2. Die Wohnung hat keinen Balkon. ☐

d. 1. Die Wohnung ist günstig. ☐
   2. Die Wohnung ist teuer. ☐

e. 1. Die Telefonnummer ist 54 95 21. ☐
   2. Die Telefonnummer ist 54 39 76. ☐

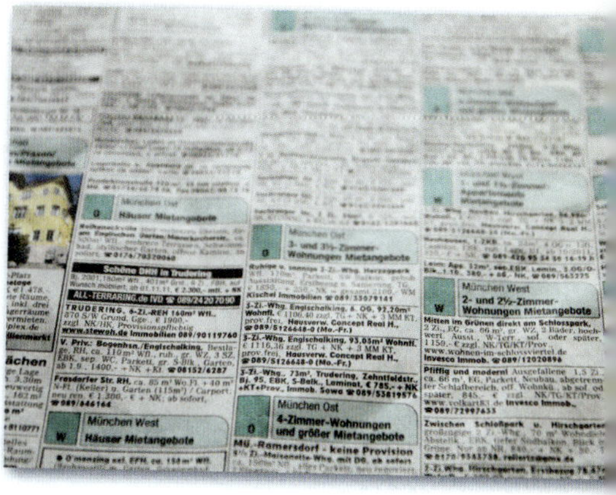

- Bulduğunuz sonucu çözüm anahtarıyla karşılaştırın (sayfa 237).

## 10 Özet

### a. Faydalı ifadeler

- Her ifadeyi çevirisi ile beraber bir fiş kartonuna yazın.

| | |
|---|---|
| Was machst du? | Ne yapıyorsun? |
| Ich suche eine Wohnung. | Ev arıyorum. |
| In der Zeitung sind heute viele Anzeigen. | Bugün gazetede çok ilan var. |
| Wie findest du die Wohnung hier? | Bu daireyi nasıl buluyorsun? |
| Und diese Wohnung? | Ya bu daire? |
| Die Wohnung ist neu. | Daire yeni. |
| Die Wohnung ist zu teuer. | Daire fazla pahalı. |
| Sie ist nicht so groß, aber sie ist günstig. | Büyük değil ama uygun. |
| Das Apartment ist 42 Quadratmeter ($m^2$) groß. | Daire 42 metrekare ($m^2$) büyüklüğünde. |
| Einen Balkon finde ich wichtig. | Benim için balkon önemli. |
| Da steht die Telefonnummer vom Vermieter. | Ev sahibin numarası burada yazıyor. |
| Ich kann die Wohnung sofort besichtigen. | Daireye hemen bakabilirim. |
| Willst du gleich anrufen? | Hemen aramak ister misin? |
| Willst du mitkommen? | Gelmek ister misin? |

Nicht schlecht. Fena değil. Gute Idee. İyi fikir. Na klar! Elbette!

| | | | |
|---|---|---|---|
| der Anruf, die Anrufe | çağrı | der Quadratmeter, die Quadratmeter | metrekare |
| die Anzeige, die Anzeigen | ilan | das Telefon, die Telefone | telefon |
| das Apartment, die Apartments | daire | die Telefonnummer, die Telefonnummern | telefon numarası |
| der Balkon, die Balkone | balkon | der Vermieter, die Vermieter | ev sahibi |
| die Idee, die Ideen | fikir | die Wohnung, die Wohnungen | daire |
| die Küche, die Küchen | mutfak | die Zeitung, die Zeitungen | gazete |
| die Miete, die Mieten | kira | | |

### b. Kültür ve günlük yaşam: Emlak piyasası

Ev ilanları yerel günlük gazetelerde veya internette bulunabilir. Ev sahibi tarafından verilen ilanlarda komisyon ücreti ödenmez. Ev bir emlakçı üzerinden bulunursa yüksek bir emlakçı komisyonu ödemek zorundasınız. Bunun dışında kira kontratı yapıldığında birkaç aylık kiranın banka hesabına depozito olarak yatırılması da yaygındır. Bu parayı kiracı ancak evden ayrıldığında evi iyi bir durumda teslim ettiğinde geri alabilir.

Kapitel **13**

# Morgen scheint sicher wieder die Sonne.

Yarın büyük ihtimalle tekrar güneş çıkar.

## Bu bölümde öğreneceklериniz:

- Hava durumu hakkında nasıl konuşulur?
- Ayların isimleri.
- Mevsimlerin isimleri.

## Faydalı kelimeler

- Aşağıdaki resimlere bakın.
  Bir sonraki sayfadaki resimli hikâyeyi daha iyi anlamak için size altı tane faydalı kelime gösteriliyor.

das Meer
deniz

der Wind
rüzgar

der Regen
yağmur

die Sonne
güneş

das Wasser
su

baden
yüzmek

CD 3 Track 9 – 10

- Bu kelimelerin telaffuzunu CD'den dinleyin ve tekrar edin.

## 1 "Yarın büyük ihtimalle tekrar güneş çıkar."

- Altı resme sırayla bakın.
- Her resimde olan biteni hayâl etmeye çalışın.
- Kişilerin neler söyleyebileceklerini düşünün.

CD 3 Track 11

## 2 Hikâyede neler olup bitiyor?

- Hikâyeyi birkaç defa dinleyin ve sessizce okuyarak takip edin.
- Hangi özet doğrudur: A mı, B mi? ☒

**A** ☐ Küçük bir kız büyükanne ve büyükbabası ile deniz kenarında. Büyükanne tekrar suya girmek istiyor, fakat büyükbaba hızlıca eve gitmek istiyor çünkü hava kötüleşiyor. Torun yarın havanın daha iyi olacağına inanıyor.

**B** ☐ Bir çift, kızlarıyla denizde tatilde. Küçük kız tekrar yüzmek istiyor, fakat annesi babası hava kötüleşiyor diye yasaklıyor. Baba güneşin yarın tekrar çıkacağından emin ve o zaman tekrar denize geleceklerine dair söz veriyor.

- Bulduğunuz sonucu çözüm anahtarıyla karşılaştırın (sayfa 237).

## 3 Baba, anne ve kız tam olarak ne diyor?

- Örnekte olduğu gibi her Almanca cümleden uygun olan çeviriye çizgi çekiniz.

| | | | |
|---|---|---|---|
| A | Mama, ich will ins Wasser. | 1. | Hastalanmak mı istiyorsun? |
| B | Nein, wir gehen jetzt. | 2. | Lütfen, sadece çok kısa. |
| C | Ich will noch einmal baden. | 3. | Rüzgar ve yağmurda yüzülmez. |
| D | Nein, nein. Es regnet gleich. | 4. | Hayır, şimdi gidiyoruz. |
| E | Bitte, nur ganz kurz. | 5. | Anne, suya girmek istiyorum. |
| F | Willst du krank werden? | 6. | Tekrar yüzmek istiyorum. |
| G | Bei Wind und Regen kann man nicht baden. | 7. | Hayır, hayır. Şimdi yağmur başlayacak. |

| | | | |
|---|---|---|---|
| H | So ein Wetter im Juni! | 8. | Ve üç gün sonra tatilimiz bitiyor. |
| I | Das ist doch kein Sommer! | 9. | Haydi şimdi hızlı! |
| J | Und in drei Tagen ist unser Urlaub zu Ende. | 10. | Evet, söz veriyorum! |
| K | Das Wetter bleibt nicht so. | 11. | O zaman tekrar denize geliriz. |
| L | Morgen scheint sicher wieder die Sonne. | 12. | Temmuz da, bu nasıl bir hava. |
| M | Dann gehen wir wieder ans Meer. | 13. | Yağmur başladı bile. |
| N | Versprochen? | 14. | Söz? |
| O | Ja, versprochen! | 15. | Bu yaz değil ki. |
| P | Jetzt aber schnell! | 16. | Hava böyle kalmaz. |
| Q | Es regnet schon. | 17. | Yarın büyük ihtimalle tekrar güneş çıkar. |

- Bulduğunuz sonucu çözüm anahtarıyla karşılaştırın (sayfa 237).

CD 3 Track 11

## 4 CD'yi birkaç defa daha dinleyin.

## 5 Eksik olan kelimeleri boşluklara yazın.

- Eksik olan kelimeyi kutudan seçiniz ve uygun olan yere yazınız.

**einmal** **Ende** **Regen** **Sonne**
**regnet** **Meer** **gleich** **Wetter**
**schnell** **krank** **Sommer** **gehen**

**A**

Mama, ich will ins Wasser.

Nein, wir .................... jetzt.

**B**

Ich will noch .................... baden.

Nein, nein. Es regnet .....................

**C**

Bitte, nur ganz kurz.

Willst du .................... werden? Bei Wind und .................... kann man nicht baden.

**D**

So ein .................... im Juni!
Das ist doch kein ....................!
Und in drei Tagen ist unser Urlaub zu .....................

**E**

Das Wetter bleibt nicht so. Morgen scheint sicher wieder die .....................

Dann gehen wir wieder ans ..................... Versprochen?

**F**

Ja, versprochen!

Jetzt aber ....................!
Es .................... schon.

- Bulduğunuz sonucu çözüm anahtarıyla karşılaştırın (sayfa 237).

CD 3 Track 12

## 6 Dinleyin tekrar edin

- Hikâyeyi tekrar cümle cümle dinleyin ve her cümleyi yüksek sesle okuyun.
- Kendinizden emin olana kadar alıştırmayı tekrar edin.

## 7 Mevsimler

CD 3
Track
13 – 14

- Fotoğraflara bakın ve kelimeleri CD'den dinleyin.
- Kelimeleri tekrar edin.

der Frühling
ilkbahar

der Sommer
yaz

der Herbst
sonbahar

der Winter
kış

## 8 Ay isimleri

CD 3
Track
15 – 16

- Ay isimlerini CD'den dinleyin. Sonra ay isimlerini tekrar edin.

| | | | | | |
|---|---|---|---|---|---|
| Januar<br>ocak | Februar<br>şubat | März<br>mart | April<br>nisan | Mai<br>mayıs | Juni<br>haziran |
| Juli<br>temmuz | August<br>ağustos | September<br>eylül | Oktober<br>ekim | November<br>kasım | Dezember<br>aralık |

## 9 Hangi cümleleri duyuyorsunuz?

CD 3
Track
17

- Beş çift cümleleri okuyun.
- Sonra CD'den cümlereri dinleyin.
- Dinlerken duydugunuz cümleyi işaretleyin. ☒

a. 1. So ein Wetter im August! ☐
   2. So ein Wetter im Juli! ☐

b. 1. Morgen regnet es. ☐
   2. Morgen regnet es nicht. ☐

c. 1. Im Mai scheint die Sonne. ☐
   2. Im Juni scheint die Sonne. ☐

d. 1. Im Januar kann man nicht baden. ☐
   2. Im Dezember kann man nicht baden. ☐

e. 1. Das ist doch kein Sommer! ☐
   2. Das ist doch kein Frühling! ☐

Bulduğunuz sonucu çözüm anahtarıyla karşılaştırın (sayfa 237).

## 10 Özet

### a. Faydalı ifadeler

• Her ifadeyi çevirisi ile beraber bir fiş kartonuna yazın.

| | |
|---|---|
| Ich will ins Wasser. | Suya girmek istiyorum. |
| Ich will baden. | Yüzmek istiyorum. |
| Wir gehen jetzt. | Şimdi gidiyoruz. |
| Es regnet gleich. | Birazdan yağmur yağacak. |
| Das Wetter bleibt nicht so. | Hava böyle kalmayacak. |
| Morgen scheint sicher wieder die Sonne. | Yarın büyük ihtimalle tekrar güneş çıkar. |
| Bei Regen kann man nicht baden. | Yağmurda yüzülmez. |
| In … Tagen ist unser Urlaub zu Ende. | … gün sonra tatilimiz bitecek. |
| Jetzt aber schnell! | Hızlı! |
| krank werden | hasta olmak |
| nur ganz kurz | kısaca |
| noch einmal | bir daha |

| | | | |
|---|---|---|---|
| das Ende | son | Januar | ocak |
| der Frühling | ilkbahar | Februar | şubat |
| der Herbst | sonbahar | März | mart |
| Mama | anne | April | nisan |
| das Meer, die Meere | deniz | Mai | mayıs |
| der Regen | yağmur | Juni | haziran |
| der Sommer | yaz | Juli | temmuz |
| die Sonne | güneş | August | ağustos |
| der Urlaub | tatil | September | eylül |
| das Wasser | su | Oktober | ekim |
| das Wetter | hava | November | kasım |
| der Wind | rüzgar | Dezember | aralık |
| der Winter | kış | | |

### b. Kültür ve günlük yaşam: hava durumu ve mevsimler

Mevsimler birbirlerinden oldukça farklı, fakat ısı farkı çok aşırı değil. Yazın genelde 20 dereceden biraz fazla olur ve hafif giysiler giyilebilir ve yüzmeye gidilebilir. Kışın buz ve kar olur fakat ısı genelde sıfırın altına ancak birkaç derece iner. Aylara göre mevsimler bu şekilde dağılır: Aralık, Ocak ve Şubat kıştır. Mart, Nisan ve Mayıs ilkbahardır. Haziran, Temmuz ve Ağustos yazdır. Eylül, Ekim ve Kasım sonbahardır.

Kapitel 14

# Mein Chef ist nett.
## Patronum çok iyi.

### Bu bölümde öğrenecekleriniz:
- İş ve çalışma koşulları hakkında nasıl konuşulur?
- Yapılan iş nasıl açıklanabilir?
- Tatil imkanları hakkında nasıl soru sorulur.

### Faydalı kelimeler
- Aşağıdaki resimlere bakın.
  Bir sonraki sayfadaki resimli hikâyeyi daha iyi anlamak için size altı tane faydalı kelime gösteriliyor.

das Reisebüro
seyahat acentesi

der Kunde
müşteri

der Prospekt
broşür

der Chef
patron

telefonieren
telefonlaşmak

der See
göl

CD 3
Track
18 – 19

- Bu kelimelerin telaffuzunu CD'den dinleyin.
- Kelimeleri tekrar edin.

## 1 "Patronum çok iyi."

- Resimlere sırayla bakın.
- Her resimde olan biteni hayâl etmeye çalışın.
- Kişilerin neler söyleyebileceklerini düşünün.

## 2 CD'deki hikâyeyi dinleyin.

CD 3 Track 20

- Hikâyeyi birkaç defa dinleyin ve sessizce okuyarak takip edin.
- Hangi özet doğrudur: A mı, B mi? ☒

**A** ☐ Mona ve Lisa birlikte bir göl kenarında tatil yapmak istiyor ve bu konuda bilgi alıyor.

**B** ☐ Mona, Lisa'ya seyahat acentasındaki yeni işinden bahsediyor. Lisa bir göl kenarında tatil yapmak istiyor.

- Bulduğunuz sonucu çözüm anahtarıyla karşılaştırın (sayfa 237).

## 3 İnsanlar tam olarak ne diyor?

- Örnekte olduğu gibi her Almanca cümleden uygun olan çeviriye çizgi çekiniz.

A Hallo Mona. Arbeitest du jetzt hier im Reisebüro?
B Ja, die Stelle habe ich seit zwei Monaten.
C Erzähl mal: Wie gefällt dir der Job?
D Ich bin zufrieden. Mein Chef ist nett.
E Ich kann selbstständig arbeiten.
F Und was machst du bei der Arbeit?
G Ich spreche oft mit Kunden.
H Aber die meiste Zeit telefoniere ich und gebe Informationen.

1. Fakat zamanın çoğunda telefonda görüşüyorum ve bilgi veriyorum.
2. Memnunum. Patronum iyi birisi.
3. Çoğu kez müşterilerle konuşuyorum.
4. Ve sen işyerinde ne yapıyorsun?
5. Evet, iki aydır bu pozisyonda çalışıyorum.
6. Bağımsız bir şekilde çalışabiliyorum.
7. Anlatır mısın: İşini nasıl buluyorsun?
8. Merhaba Mona. Sen şimdi burada seyahat acentesinde mi çalışıyorsun?

---

I Arbeitest du auch am Computer?
J Ja. Ich antworte zum Beispiel auf Anfragen aus dem Internet.
K Sag mal, was kann ich denn jetzt für dich tun, Lisa?
L Mein Mann und ich, wir möchten Urlaub an einem See machen.
M Gibt es da Angebote?
N Ja, sieh mal, hier im Prospekt:
O Zwei Wochen Hotel mit Halbpension für 600 Euro.
P Interessant …

9. Bununla ilgili fırsat var mı?
10. Söyler misin, senin için şimdi ne yapabilirim Lisa?
11. Eşim ve ben bir göl kenarında tatil yapmak istiyoruz.
12. İki hafta otelde yarım pansiyon 600 Euro ya.
13. Bilgisayar başında da çalışıyor musun?
14. İlginç…
15. Evet. İnternetten gelen sorulara cevap yazıyorum.
16. Evet, burada broşüre bakar mısın:

- Bulduğunuz sonucu çözüm anahtarıyla karşılaştırın (sayfa 237).

## 4 CD'yi birkaç defa daha dinleyin.

CD 3 Track 20

## 5 Eksik olan kelimeleri boşluklara yazın.

- Eksik olan kelimeyi kutudan seçiniz ve uygun olan yere yazınız.

**Kunden zufrieden Internet Euro Stelle tun Prospekt Urlaub selbstständig Job Reisebüro gebe Angebote meiste**

**A**

Hallo Mona. Arbeitest du jetzt hier im ..........?

Ja, die .......... habe ich seit zwei Monaten.

**B**

Erzähl mal:
Wie gefällt dir der ..........?

Ich bin ...........
Mein Chef ist nett. Ich kann .......... arbeiten.

**C**

Und was machst du bei der Arbeit?

Ich spreche oft mit ...........
Aber die .......... Zeit telefoniere ich und .......... Informationen.

**D**

Arbeitest du auch am Computer?

Ja. Ich antworte zum Beispiel auf Anfragen aus dem ...........

**E**

Sag mal, was kann ich denn jetzt für dich .........., Lisa?

Mein Mann und ich, wir möchten .......... an einem See machen.
Gibt es da ..........?

**F**

Ja, sieh mal, hier im ..........:
Zwei Wochen Hotel mit Halbpension für 600 ...........

Interessant …

- Bulduğunuz sonucu çözüm anahtarıyla karşılaştırın (sayfa 237).

## 6 Dinleyin ve tekrar edin.

CD 3 Track 21

- Hikâyeyi tekrar cümle cümle dinleyin ve her cümleyi yüksek sesle okuyun.
- Kendinizden emin olana kadar alıştırmayı tekrar edin.

CD 3
Track
22 – 23

## 7 Birkaç yeni kelime

- Aşağıdaki resimlere bakın, kelimeleri okuyun.

einen Brief schreiben
mektup yazmak

eine E-Mail schreiben
e-posta yazmak

eine Rechnung schreiben
fatura yazmak

ein Fax schicken
faks göndermek

Briefe zur Post bringen
Postahaneye mektup götürmek

- Kelimlerin nasıl telaffuz edildiğini dinleyin ve yüksek sesle tekrar edin.

CD 3
Track
24 – 26

## 8 İşte ne yapıyorsunuz?

- Önce ifadeleri okuyun.
- Sonra CD'deki röportajları okuyun.
- Hangi ifadeler doğru? İşaretleyin: ☒

a.

1. Sie arbeitet am Flughafen. ☐
2. Sie arbeitet im Schwimmbad. ☐
3. Sie arbeitet im Hotel. ☐

b.

1. Er schreibt die meiste Zeit E-Mails. ☐
2. Er schreibt die meiste Zeit Briefe. ☐
3. Er schreibt die meiste Zeit Rechnungen. ☐

c.

1. Sie schickt die meiste Zeit Faxe. ☐
2. Sie telefoniert die meiste Zeit mit Kunden. ☐
3. Sie bringt oft Rechnungen zur Post. ☐

- Bulduğunuz sonucu çözüm anahtarıyla karşılaştırın (sayfa 237).

## 9 Özet

### a. Faydalı ifadeler

• Her ifadeyi çevirisi ile beraber bir fiş kartonuna yazın ve arada bir tekrarlayın.

| | |
|---|---|
| Arbeitest du jetzt hier im Reisebüro? | Şimdi burada seyahat acentesinde mi çalışıyorsun? |
| Die Stelle habe ich seit zwei Monaten. | İki aydır bu işteyim. |
| Wie gefällt dir der Job? | İşi nasıl buluyorsun? |
| Ich bin zufrieden. | Memnunum. |
| Mein Chef ist nett. | Patronum çok iyi. |
| Ich kann selbstständig arbeiten. | Bağımsız çalışabilirim. |
| mit Kunden telefonieren | müşterilerle telefonlaşmak |
| mit Kunden sprechen | müşterilerle konuşmak |
| auf Anfragen antworten | sorulara cevap vermek |
| Briefe schreiben | mektup yazmak |
| Informationen geben | bilgi vermek |
| Was kann ich für dich tun? | Senin için ne yapabilirim? |
| Gibt es Angebote? | Fırsat var mı? |

| | | | | | |
|---|---|---|---|---|---|
| Erzähl mal. | Anlatsana. | Sag mal. | Söylesene. | Sieh mal. | Baksana. |

| | | | |
|---|---|---|---|
| das Angebot, die Angebote | teklif, fırsat | der Kunde, die Kunden | müşteri |
| | | die E-Mail, die E-Mails | e-posta |
| die Arbeit | iş | die meiste Zeit | çoğu zaman |
| der Brief, die Briefe | mektup | der Monat, die Monate | ay |
| der Chef, die Chefs | patron | der Prospekt, die Prospekte | broşür |
| das Fax, die Faxe | faks | die Rechnung, die Rechnungen | fatura |
| die Halbpension | yarım pansiyon | das Reisebüro, die Reisebüros | seyahat acentesi |
| interessant | ilginç | der See, die Seen | göl |
| das Internet | internet | die Stelle, die Stellen | pozisyon |
| der Job, die Jobs | iş | telefonieren | telefonlaşmak |

### b. Kültür ve günlük yaşam: Çalışmak ve iş yer

Almanca konuşulan ülkelerde çalışanlar için çalışma koşulları hafif – yasalarla düzenlenmiştir. Çalışanların senede belli sayıda tatil günü hakları vardır. Ayrıca fazla mesainin ödenmesi, hastalık durumunda maaşının devam etmesi, sağlık, işsizlik ve emeklilik sigortaları zorunludur. Ücretleri işveren ve çalışan arasında paylaşılır ve vergilerle beraber brüt maaştan kesilir. İş yaygın bir sohbet konusudur; fakat, birisinin maaşını sormak normal değildir.

# Mein Bleistift ist weg.

## Kurşun kalemim kayboldu.

### Bu bölümde öğrenecekleriniz:

- Bir şeyi aradığınızı ifade etmek.
- Bir tahmin nasıl ifade edilir?
- Yasaklar hakkında nasıl konuşulur?

### Faydalı kelimeler

- Aşağıdaki resimlere bakın.
  Bir sonraki sayfadaki resimli hikâyeyi daha iyi anlamak için size üç tane faydalı kelime gösteriliyor.

der Bleistift
kurşun kalem

der Kugelschreiber
tükenmez kalem

die Klasse
sınıf

die Schule
okul

der Lehrer
öğretmen

die Hausaufgabe
ev ödevi

CD 3
Track
27 – 28

- Bu kelimelerin telaffuzunu CD'den dinleyin.
- Kelimeleri tekrar edin.

## 1 "Kurşun kalemim kayboldu."

- Resimlere sırayla bakın. Her resimde olan biteni hayâl etmeye çalışın.
- Kişilerin neler söyleyebileceklerini düşünün.

## 2 Hikâyede neler olup bitiyor?

CD 3 Track 29

- Hikâyeyi birkaç defa dinleyin ve sessizce okuyarak takip edin.
- Hangi özet doğrudur: A mı, B mi? ☒

**A** ☐ Bir kız okuldan eve geliyor ve ev ödevlerini yapmak zorunda, fakat kurşun kalemini bulamıyor. Annesi tükenmez kalem kullanmasını öneriyor, fakat buna birinci sınıfta izin verilmiyor.

**B** ☐ Bir kız okuldan eve geliyor ve ev ödevlerini yapmak zorunda, fakat kitaplarını bulamıyor. Annesi ona bir tükenmez kalem veriyor, fakat tükenmez kalemi çocuğun kullanmasına izin yok.

- Bulduğunuz sonucu çözüm anahtarıyla karşılaştırın (sayfa 237).

## 3 İnsanlar tam olarak ne diyor?

- Örnekte olduğu gibi her Almanca cümleden uygun olan çeviriye çizgi çekiniz.

| | | | |
|---|---|---|---|
| A | Was für Hausaufgaben hast du heute? | 1. | Ve gerçekten güzel, diyor öğretmenimiz. |
| B | Ich muss alle deutschen Buchstaben schreiben. | 2. | Belki kitaplarının arasındadır. |
| C | Und wirklich schön, sagt unser Lehrer. | 3. | Onu bulamıyorum. |
| D | Was suchst du? | 4. | Hayır, orada değil. |
| E | Mein Bleistift ist weg. | 5. | Bütün Almanca harfleri yazmam lâzım. |
| F | Ich kann ihn nicht finden. | 6. | Ne arıyorsun? |
| G | Vielleicht liegt er zwischen deinen Büchern. | 7. | Ne ev ödevin var bugün? |
| H | Nein, da ist er nicht. | 8. | Kurşun kalemim kayboldu. |

| | | | |
|---|---|---|---|
| I | Warum nimmst du keinen Kugelschreiber? | 9. | Kurşun kalem getirebilirim. |
| J | Das geht nicht. | 10. | Gerçekten mi? |
| K | Ich gehe doch in die erste Klasse. | 11. | Daha alışveriş yapmam lâzım. |
| L | Da sind Kugelschreiber verboten. | 12. | Neden tükenmez kalem kullanmıyorsun? |
| M | Wirklich? | 13. | O olmaz. |
| N | Ja, in der Schule dürfen wir nur Bleistifte benutzen. | 14. | Harika! Bu arada ben biraz dışarıda oynuyorum, tamam mı? |
| O | Ich muss noch einkaufen. | 15. | Ben daha birinci sınıfa gidiyorum. |
| P | Da kann ich Bleistifte mitbringen. | 16. | Evet, okulda sadece kurşun kalem kullanabiliyoruz. |
| Q | Toll! In der Zeit spiele ich draußen ein bisschen, okay? | 17. | Orada tükenmez kalemler yasak. |

- Bulduğunuz sonucu çözüm anahtarıyla karşılaştırın (sayfa 237).

## 4 CD'yi birkaç defa daha dinleyin.

CD 3
Track
29

## 5 Eksik olan kelimeleri boşluklara yazın.

- Eksik olan kelimeyi kutudan seçiniz ve uygun olan yere yazınız.

**weg Hausaufgaben benutzen Kugelschreiber finden Buchstaben Büchern Lehrer einkaufen Wirklich draußen Klasse**

**A**

Was für .................................................. hast du heute?

Ich muss alle deutschen ........................................... schreiben. Und wirklich schön, sagt unser .........................

**B**

Was suchst du?

Mein Bleistift ist .............. Ich kann ihn nicht .........................

**C**

Vielleicht liegt er zwischen deinen ...............................

Nein, da ist er nicht.

**D**

Warum nimmst du keinen Kugelschreiber?

Das geht nicht. Ich gehe doch in die erste ......................... Da sind ........................................................ verboten.

**E**

...................................?

Ja, in der Schule dürfen wir nur Bleistifte ..................................

**F**

Ich muss noch .................................. Da kann ich Bleistifte mitbringen.

Toll! In der Zeit spiele ich ............................... ein bisschen, okay?

- Bulduğunuz sonucu çözüm anahtarıyla karşılaştırın (sayfa 237).

## 6 Dinleyin ve tekrar edin.

CD 3
Track
30

- Hikâyeyi tekrar cümle cümle dinleyin ve her cümleyi yüksek sesle okuyun.
- Kendinizden emin olana kadar alıştırmayı tekrar edin.

## 7 Birkaç yeni kelime

CD 3
Track
31 – 32

- Fotoğraflara bakın ve kelimeleri okuyun.

der Schlüssel
anahtar

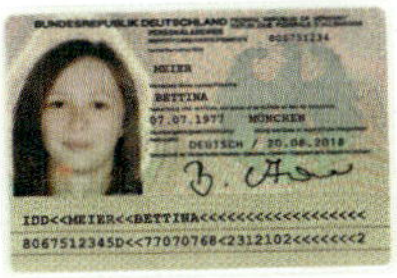

der Ausweis
kimlik

der Schuh
ayakkabı

das Fahrrad
bisiklet

die Kreditkarte
kredi kartı

die Jacke
ceket

- CD'den kelimelerin telaffuzunu dinleyin ve tekrar edin.

## 8 İnsanlar neyi bulamıyorlar?

CD 3
Track
33 – 35

- Önce ifadeleri okuyun.
- Sonra CD'deki röportajları okuyun.
- Hangi ifadeler doğru? İşaretleyin: ☒

a.

1. Der Schlüssel ist weg. ☐
2. Der Ausweis ist weg. ☐
3. Das Fahrrad ist weg. ☐

b.

1. Er kann einen Schuh nicht finden. ☐
2. Er kann die Jacke nicht finden. ☐
3. Er kann die Kreditkarte nicht finden. ☐

c.

1. Sie sucht die Jacke. ☐
2. Sie sucht den Schlüssel. ☐
3. Sie sucht die Schuhe. ☐

- Bulduğunuz sonucu çözüm anahtarıyla karşılaştırın (sayfa 237).

## 9 Özet

### a. Faydalı ifadeler

- Her ifadeyi çevirisi ile beraber bir fiş kartonuna yazın ve arada bir tekrarlayın.

| | |
|---|---|
| Was für Hausaufgaben hast du? | Ne ev ödevlerin var? |
| Was suchst du? | Ne arıyorsun? |
| Mein Bleistift ist weg. | Kurşun kalemim kayboldu. |
| Ich kann ihn nicht finden. | Onu bulamıyorum. |
| Vielleicht liegt er zwischen deinen Büchern. | Belki kitapların arasındadır. |
| Warum nimmst du kein …? | Neden … kullanmıyorsun? |
| Das geht nicht. | Olmaz. |
| Wirklich? | Gerçekten mi? |
| Wir dürfen nur Bleistifte benutzen. | Sadece kurşun kalemi kullanmaya izin var. |
| Ich muss noch einkaufen. | Daha alışverişe gitmem lâzım. |
| Da kann ich … mitbringen. | Oradan … getirebilirim. |

| | |
|---|---|
| die erste Klasse | birinci sınıf |
| in der Zeit | zamanda / bu arada |
| deutsch | Almanca |
| verboten | yasak |
| draußen | dışarda |
| ein bisschen | biraz |
| toll | harika |
| okay | tamam |

| | |
|---|---|
| der Ausweis, die Ausweise | kimlik |
| der Bleistift, die Bleistifte | kurşun kalem |
| das Buch, die Bücher | kitap |
| der Buchstabe, die Buchstaben | harf |
| das Fahrrad, die Fahrräder | bisiklet |
| die Hausaufgabe, die Hausaufgaben | ev ödevi |
| die Jacke, die Jacken | ceket |
| die Klasse, die Klassen | sınıf |
| die Kreditkarte, die Kreditkarten | kredi kartı |
| der Kugelschreiber, die Kugelschreiber | tükenmez kalem |
| der Lehrer, die Lehrer | öğretmen |
| der Schlüssel, die Schlüssel | anahtar |
| der Schuh, die Schuhe | ayakkabı |
| die Schule, die Schulen | okul |

### b. Kültür ve günlük yaşam: okul

Altı yaşında çocuklar ilkokula gidiyorlar. İlkokul 4 veya 5 sene sürüyor. Sonra birkaç çeşit devam okulu arasından seçim yapabilirler. Devam eden okulların süreleri ve diplomaları seçilen mesleki hedefe göre farklı. 16 yaşına kadar okula gitme zorunluluğu vardır. Çocukların öğleden sonra da ders aldıkları ve bakım gördükleri bütün gün süren okullar standart değil fakat gittikçe yaygınlaşıyor.

# Rückblick C
## Geriye Bakış C

CD 3
Track
36 – 37

### 1 'Çalışma' konusu ile ilgili daha fazla kelime.

- Önce CD'den birkaç yeni kelime dinleyin ve sonra tekrar edin.

| | | | | |
|---|---|---|---|---|
| der Beruf<br>meslek | der Arbeitsplatz<br>işyeri | der Fahrer<br>şoför | der Student /<br>die Studentin<br>öğrenci | das Praktikum<br>staj |
| der LKW<br>kamyon | verdienen<br>kazanmak | studieren<br>üniversitede okumak | arbeitslos<br>işsiz | |

- Her ifadeyi çevirisi ile beraber bir karta yazın.

CD 3
Track
38 – 39

### 2 İki kişi işleri hakkında konuşuyorlar.

- Kişilerin işleri hakkında söylediklerini dinleyin.
- İşaretleyin: Richtig veya Falsch

a.

| | | |
|---|---|---|
| 1. Herr Meyer wohnt in Bonn. | Richtig | Falsch (✗) |
| 2. Er ist LKW-Fahrer von Beruf. | Richtig | Falsch |
| 3. Er arbeitet nicht gern in diesem Beruf. | Richtig | Falsch |
| 4. Herr Meyer ist arbeitslos. | Richtig | Falsch |
| 5. Er bekommt sicher bald eine neue Stelle. | Richtig | Falsch |

b.

| | | |
|---|---|---|
| 1. Iris ist Studentin. | Richtig | Falsch |
| 2. Seit zwei Jahren studiert sie in Wien. | Richtig | Falsch |
| 3. Sie macht gerade ein Praktikum in einem Reisebüro. | Richtig | Falsch |
| 4. Sie findet ihren Arbeitsplatz interessant. | Richtig | Falsch |
| 5. Sie verdient sehr gut. | Richtig | Falsch |

- Bulduğunuz sonucu çözüm anahtarıyla karşılaştırın (sayfa 237).

## 3 Vakit yok

- Uygun kelimeleri boşluklara yazın.
- Doğru kelimeleri bulmak için cevaplara dikkat edin.

**Arbeitest** ~~**Hast**~~ **Musst** **machst**
**Spielst** **Kannst** **Gehst**

a. Hast ............ du am Montag Zeit? – Nein, am Montag habe ich keine Zeit.
b. ............ du vielleicht am Dienstag? – Nein, da kann ich leider auch nicht.
c. ............ du am Mittwoch? – Ja, da arbeite ich.
d. ............ du am Donnerstag Fußball? – Ja, da spiele ich Fußball.
e. ............ du am Freitag zum Arzt gehen? – Ja, da muss ich zum Arzt gehen.
f. ............ du am Samstag ans Meer? – Ja, da gehe ich ans Meer.
g. Was ............ du denn am Sonntag? – Am Sonntag mache ich Hausaufgaben.

- Bulduğunuz sonucu çözüm anahtarıyla karşılaştırın (sayfa 237).

## 4 Ayların isimleri

- Ayların doğru sırasını uygun rakamlarla işaretleyin.

| | | | |
|---|---|---|---|
| April | ☐ | Juni | ☐ |
| Juli | ☐ | November | ☐ |
| Januar | 1 | Februar | ☐ |
| Dezember | ☐ | Oktober | ☐ |
| September | ☐ | August | ☐ |
| März | ☐ | Mai | ☐ |

- Bulduğunuz sonucu çözüm anahtarıyla karşılaştırın (sayfa 237).

## 5 Ne yapıyorsunuz?

- Uygun kelimeleri boşluklara yazın.

lernen ~~Geht~~ Arbeitet baden
Wollt haben Spielt

a. Geht ihr heute ins Schwimmbad? – Ja, wir gehen heute ins Schwimmbad.
b. Lernt ihr morgen zusammen? – Nein, morgen .................. wir nicht zusammen. Da gehen wir in die Stadt.
c. Habt ihr am Mittwoch Zeit? – Nein, am Mittwoch .................. wir keine Zeit. Da müssen wir lernen.
d. .................. ihr am Samstag ins Konzert gehen? – Ja, da wollen wir ins Konzert gehen.
e. .................. ihr am Wochenende? – Nein, am Wochenende arbeiten wir nicht.
f. .................. ihr gern Karten? – Ja, wir spielen gern Karten.
g. Badet ihr gern im See? – Nein, wir .................. nicht gern im See. Wir baden lieber im Meer.

- Bulduğunuz sonucu çözüm anahtarıyla karşılaştırın (sayfa 237).

## 6 İnsanlar ne yapıyor?

- Her cümlenin sonuna doğru rakamı yazın.

1

2

3

4

5

6

a. Sie schreibt einen Brief. [4]
b. Er schreibt eine E-Mail. [ ]
c. Er schickt ein Fax. [ ]
d. Sie schreibt eine Rechnung. [ ]
e. Er telefoniert mit einem Kunden. [ ]
f. Sie bringt Briefe zur Post. [ ]

- Bulduğunuz sonucu çözüm anahtarıyla karşılaştırın (sayfa 237).

## 7 Farklı bir şekilde söyleyin.

Kelimelerin sırasını değiştirerek, aynı düşünce farklı biçimde ifade edilebilir. Aşağıdaki iki cümleyi karşılaştırın:

Wir spielen am Mittwoch Fußball.
Am Mittwoch spielen wir Fußball.

- Kelimeleri boşluklara yazın.

**geht es** **kann man** ~~**gehen wir**~~ **fahren wir**
**habe ich** **lerne ich** **scheint die Sonne**

a. Wir gehen am Donnerstag in die Stadt.
Am Donnerstag gehen wir in die Stadt.
b. Ich habe um 14 Uhr einen Termin.
Um 14 Uhr ........................ ........ einen Termin.
c. Es geht am Freitag nicht.
Am Freitag ........................ ........ nicht.
d. Ich lerne dann zusammen mit Anna.
Dann ........................ ........ zusammen mit Anna.
e. Man kann bei Regen nicht baden.
Bei Regen ........................ ........ nicht baden.
f. Die Sonne scheint morgen wieder.
Morgen ........................ ........ ........................ wieder.
g. Wir fahren dann noch einmal ans Meer.
Dann ........................ ........ noch einmal ans Meer.

- Bulduğunuz sonucu çözüm anahtarıyla karşılaştırın (sayfa 237).

## 8 Haftanın günleri

- Günlerin doğru sırasını uygun rakamlarla işaretleyin.

| | | | |
|---|---|---|---|
| Dienstag | ☐ | Sonntag | ☐ |
| Montag | 1 | Freitag | ☐ |
| Samstag | ☐ | Mittwoch | ☐ |
| Donnerstag | ☐ | | |

- Bulduğunuz sonucu çözüm anahtarıyla karşılaştırın (sayfa 237).

## 9 'Dairede oturmak'la ilgili daha fazla kelime.

CD 3
Track
40 – 41

- Önce CD'den birkaç yeni kelime dinleyin ve sonra tekrar edin.

| | | |
|---|---|---|
| der Mieter<br>kiracı | der Blick<br>manzara | die Mitte<br>orta |
| der Kilometer<br>kilometre | mieten<br>kiralamak | vermieten<br>kiraya vermek |

- Her ifadeyi çevirisi ile beraber bir karta yazın.

## 10 İki daire ilanı

- İlanları okuyun.
- İşaretleyin: Richtig veya Falsch

**Zu vermieten:**
5-Zimmer-Wohnung, 120 $m^2$, Berlin Mitte,
toller Blick, Balkon, günstig.
Tel.: (030) 168096 oder g.may@webb.de

| | | |
|---|---|---|
| a. Die Wohnung liegt nicht in der Stadt. | Richtig | Falsch |
| b. Die Wohnung hat einen Balkon. | Richtig | Falsch |
| c. Man kann den Vermieter anrufen oder eine E-Mail schreiben. | Richtig | Falsch |

**Suche Mieter** (Student / Studentin)
für Apartment, 35 $m^2$, 370,– Euro,
10 Kilometer bis Stadtmitte,
zu mieten von September bis April.
Tel. (0521) 2035100

| | | |
|---|---|---|
| a. Das Apartment liegt genau in der Stadtmitte. | Richtig | Falsch |
| b. Studenten können das Apartment nicht mieten. | Richtig | Falsch |
| c. Man kann das Apartment nur von September bis April mieten. | Richtig | Falsch |

- Bulduğunuz sonucu çözüm anahtarıyla karşılaştırın (sayfa 237).

## 11 Sorular ve cevaplar

• Her soruyu uygun olan cevapla çizgi çekerek bağlayın.

A Warum kann sie am Donnerstag Nachmittag nicht kommen?
B Warum will sie ins Reisebüro gehen?
C Warum sucht er eine neue Stelle?
D Warum möchte er eine Wohnung mit Balkon mieten?
E Warum nimmt sie keinen Kugelschreiber?
F Warum muss sie einkaufen?

1. Sie darf nur einen Bleistift benutzen.
2. Sie braucht Kartoffeln, Tomaten und Bananen.
3. Da muss sie zum Arzt gehen.
4. Hier kann er nicht selbstständig arbeiten.
5. Sie sucht Angebote für den Urlaub.
6. Einen Balkon findet er wichtig.

• Bulduğunuz sonucu çözüm anahtarıyla karşılaştırın (sayfa 237).

## 12 Kelimeler hangi konulara uyuyor?

• Uygun kelimeleri boşluklara yazın.

**die Wohnung** ~~**die Schule**~~ **das Geld**
**der Arbeitsplatz** **der Urlaub** **das Wetter**

a. der Lehrer, die Hausaufgabe, die erste Klasse: die Schule
b. der Wind, der Regen, die Sonne: ........ ........
c. die Küche, der Balkon, der Quadratmeter: ........ ........
d. der Chef, die Stelle, der Beruf: ........ ........
e. die Kreditkarte, die Bank, der Euro: ........ ........
f. die Reise, das Reisebüro, der Prospekt: ........ ........

• Bulduğunuz sonucu çözüm anahtarıyla karşılaştırın (sayfa 237).

### Ve bu şekilde devam edecek:

Sonraki beş bölümde sağlıklarında ufak sorunları olan, teknik aletlerle uğraşmaları gereken, ayakkabı ve mobilya satın almak isteyen ailelerine ve arkadaşlarına hediye vermek isteyen insanlarla karşılaşacaksınız. Bir doğum günü partisi ve noel kutlamasının hazırlığı da konular arasında olacak. Ayrıca geçmişteki olaylar hakkında nasıl konuşulduğunu öğreneceksiniz.

Kapitel **16**

# Das Bett ist achtzig Zentimeter breit.

## Yatağın genişliği seksen santimetre.

### Bu bölümde öğrenecekleriniz:

- Eşyaların ebatları nasıl anlatılır?
- Telefonda bilgi nasıl alınır?

### Faydalı kelimeler

- Aşağıdaki resimlere bakın. Bu, bir sonraki sayfadaki resimli hikâyeyi daha iyi anlamanız için yardımcı olacaktır.

die Möbel
mobilya

das Bett
yatak

das Sofa
kanepe

sitzen
oturmak

der Meter
metre

der Zentimeter
santimetre

CD 3
Track
42 – 43

- Bu kelimelerin telaffuzunu CD'den dinleyin ve tekrar edin.

## 1 "Yatağın genişliği seksen santimetre."

- Resimlere sırayla bakın.
- Her resimde olan biteni hayâl etmeye çalışın. Kişilerin neler söyleyebileceklerini düşünün.

## 2 Hikâyede ne oluyor?

CD 3 Track 44

- Hikâyeyi birkaç defa dinleyin ve sessizce okuyarak takip edin.
- Hangi özet doğrudur: A mı, B mi? ☒

**A** ☐ Bir kadın, bir buzdolabı ile yatağın ebatlarını soruyor. Yatağı satın almadan önce görmek istiyor.

**B** ☐ Bir kadın, bir kanepe ile yatağın ebatlarını soruyor. Kanepeyi satın almadan önce görmek istiyor.

- Bulduğunuz sonucu çözüm anahtarıyla karşılaştırın (sayfa 237).

## 3 Kişiler tam olarak ne diyor?

- Almanca cümlelerden uygun olan çevirilere çizgi çekiniz.

| | | | |
|---|---|---|---|
| A | Udo Amato, hallo. | 1. | Evet, lütfen. |
| B | Hallo, hier ist Anja Schneider. | 2. | Evet. Bütün mobilyalar duruyor. |
| C | Ich lese gerade Ihre Anzeige. | 3. | Udo Amato, buyrunuz. |
| D | Da habe ich eine Frage. | 4. | Şu anda ilanınızı okuyorum. |
| E | Ja, bitte. | 5. | Yazık. O zaman ufak kalıyor. |
| F | Ist das Bett noch da? | 6. | Güzel.Yatağın boyutu nedir? |
| G | Ja. Alle Möbel sind noch da. | 7. | Alo, ben Anja Schneider. |
| H | Schön. Und wie groß ist das Bett? | 8. | Yatak hâlâ duruyor mu? |
| I | Das ist achtzig Zentimeter breit und zwei Meter lang. | 9. | Bir sorum olacak. |
| J | Schade. Dann ist es zu klein. | 10. | Genişliği seksen santimetre ve uzunluğu iki metre. |

| | | | |
|---|---|---|---|
| K | Und das Sofa? | 11. | Ne zaman görebilirim? |
| L | Das ist schwarz. | 12. | Üstünde üç kişi oturabilir. |
| M | Es ist circa zwei Meter breit und fünfundsiebzig Zentimeter hoch. | 13. | Yarın akşam yediye çeyrek kala itibariyle nasıl? |
| N | Darauf können drei Leute sitzen. | 14. | Evet, olur. |
| O | Das ist interessant. | 15. | Ya kanepe? |
| P | Wann kann ich es sehen? | 16. | Çok teşekkürler. Görüşmek üzere. |
| Q | Vielleicht morgen Abend ab Viertel vor sieben? | 17. | Uzunluğu yaklaşık iki metre ve yüksekliği yetmişbeş santimetre. |
| R | Dann bin ich zu Hause. | 18. | Bu ilginç. |
| S | Ja, in Ordnung. | 19. | O siyah. |
| T | Vielen Dank. Auf Wiederhören. | 20. | O zaman evdeyim. |

- Bulduğunuz sonucu çözüm anahtarıyla karşılaştırın (sayfa 237).

CD 3 Track 44

## 4 CD'yi birkaç defa daha dinleyin.

## 5 Eksik olan kelimeleri boşluklara yazınız.

- Eksik olan kelimeyi kutudan seçiniz ve uygun olan yere yazınız.

**Meter Bett Leute zu Hause Viertel**
**Frage lese breit klein groß Wiederhören sehen Möbel hoch**

**A**

Udo Amato, hallo.

Hallo, hier ist Anja Schneider. Ich .................................... gerade Ihre Anzeige. Da habe ich eine ....................................

**B**

Ja, bitte.

Ist das .................................... noch da?

**C**

Ja. Alle .................................... sind noch da.

Schön. Und wie .................................... ist das Bett?

**D**

Das ist achtzig Zentimeter .................................... und zwei .................................... lang.

Schade. Dann ist es zu .................................... . Und das Sofa?

**E**

Das ist schwarz. Es ist circa zwei Meter breit und fünfundsiebzig Zentimeter .................................... . Darauf können drei .................................... sitzen.

Das ist interessant. Wann kann ich es .................................... ?

**F**

Vielleicht morgen Abend ab .................................... vor sieben? Dann bin ich .................................................................... .

Ja, in Ordnung. Vielen Dank. Auf .................................... .

- Bulduğunuz sonucu çözüm anahtarıyla karşılaştırın (sayfa 237).

CD 3 Track 45

## 6 Dinleyin tekrar edin.

- Hikâyeyi tekrar cümle cümle dinleyin ve her cümleyi yüksek sesle tekrar edin. Telaffuzunuzdan emin olana kadar alıştırmayı tekrar edin.

CD 3
Track
46 – 47

## 7 Birkaç yeni kelime

• Fotoğraflara bakın. Sonra CD'den kelimeleri dinleyin ve tekrar edin.

der Schrank
dolap

der Herd
ocak

die Bank
bank

der Garten
bahçe

der Tisch
masa

die Uhr
saat

die Ecke
köşe

erster Stock
birinci kat

der Drucker
yazıcı

CD 3
Track
48

## 8 Satış ilanı

• İlanı okuyun ve sonra metni CD'den dinleyin.

> Zu verkaufen: Bett (ca. 2 m breit, 2 m lang), Bank für den Garten, Herd, Tisch (1,80 m lang, 90 cm breit), Uhr (30 Jahre alt), Drucker (wie neu). Zu besichtigen bei W. Neubauer: Samstag ab 11:00, Goethestr. 13 Ecke Schillerstr., erster Stock.

• İşaretleyin: Richtig (doğru) veya Falsch (yanlış).

| | | | |
|---|---|---|---|
| a. | Das Bett ist zwei Meter lang und einen Meter breit. | Richtig | Falsch |
| b. | Die Bank ist für den Garten. | Richtig | Falsch |
| c. | Der Tisch ist neunzig Zentimeter breit. | Richtig | Falsch |
| d. | Die Uhr ist ganz neu. | Richtig | Falsch |
| e. | Der Drucker ist nicht ganz neu. | Richtig | Falsch |
| f. | Man kann alles am Samstag besichtigen. | Richtig | Falsch |
| g. | W. Neubauer wohnt in der Schillerstraße. | Richtig | Falsch |
| h. | Die Wohnung von W. Neubauer ist im ersten Stock. | Richtig | Falsch |

• Bulduğunuz sonucu çözüm anahtarıyla karşılaştırın (sayfa 237).

## 9 Özet

### a. Faydalı ifadeler

- Her ifadeyi çevirisi ile beraber bir fiş kartonuna yazın ve arada bir onlarla alıştırma yapın.

| | |
|---|---|
| Hallo. | Merhaba. |
| Ich lese gerade Ihre Anzeige. | Şu anda ilanınızı okuyorum. |
| Ist das Bett noch da? | Yatak duruyor mu? |
| Das ist achtzig Zentimeter breit und zwei Meter lang. | Genişliği seksen santimetre ve uzunluğu iki metre. |
| Das Sofa ist circa zwei Meter breit. | Kanepenin genişliği yaklaşık iki metre. |
| Darauf können drei Leute sitzen. | Üzerinde üç kişi oturabilir. |
| Wann kann ich es sehen? | Ne zaman görebilirim? |
| Ab Viertel vor sieben. | Yediye çeyrek kala itibariyle. |
| Dann bin ich zu Hause. | O zaman evde olacağım. |
| In Ordnung. | Tamam. |
| Auf Wiederhören. | Görüşmek üzere. (sadece telefonda) |
| Zu verkaufen | satılık |
| erster Stock | birinci kat |

| | | | |
|---|---|---|---|
| breit | geniş | klein | küçük |
| hoch | yüksek | lang | uzun |
| schwarz | siyah | circa (ca.) | yaklaşık (yakl.) |

| | | | |
|---|---|---|---|
| die Bank, die Bänke | bank | der Meter, die Meter | metre |
| das Bett, die Betten | yatak | das Möbel, die Möbel | mobilya |
| der Drucker, die Drucker | yazıcı | der Schrank, die Schränke | dolap |
| die Ecke, die Ecken | köşe | das Sofa, die Sofas | kanepe |
| die Frage, die Fragen | soru | der Tisch, die Tische | masa |
| der Garten, die Gärten | bahçe | die Uhr, die Uhren | saat |
| der Herd, die Herde | ocak | cm = der Zentimeter, die Zentimeter | santimetre |
| die Leute | insanlar | | |

### b. Kültür ve günlük yaşam: Özel satışlar

Kullanılmış mobilya ve elektrikli cihazlar gibi diğer ev eşyaları ve aksamları çoğu zaman yerel gazetelerde ve internette uygun fiyatlara bulunabiliyor. Satın almadan önce mutlaka eşyalara bakılmalı, durumları ya da işlevlilikleri kontrol edilmeli.

# Kapitel 17

## Du hast ja Fieber!
Senin ateşin var!

### Bu bölümde öğrenecekleriniz:
- Sağlık problemleri nasıl konuşulabilir?
- Hastalık durumunda nasıl tavsiye verilir?
- Bazı vücut parçalarının isimleri.

### Faydalı kelimeler
- Aşağıdaki resimlere bakın. Bu, bir sonraki sayfadaki resimli hikâyeyi daha iyi anlamanız için yardımcı olacaktır.

der Kopf
kafa

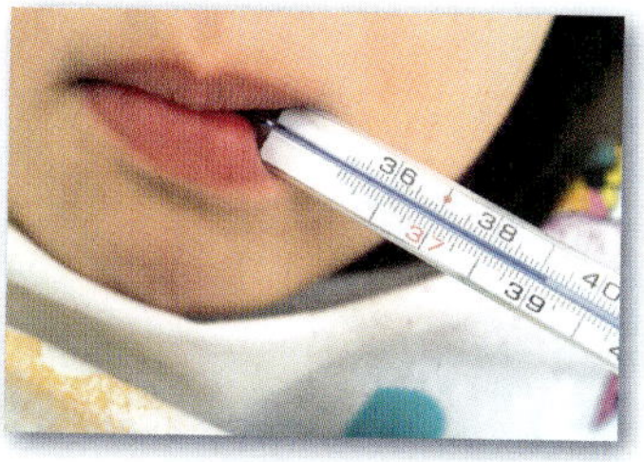

das Fieber
ateş

das Auto
araba

das Lokal
lokanta

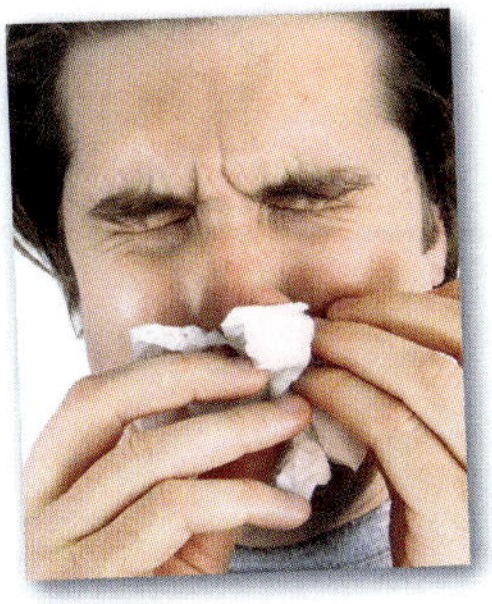

der Schnupfen
nezle

die Praxis
muayehane

CD 3
Track
49 – 50

- Bu kelimelerin telaffuzunu CD'den dinleyin ve tekrar edin.

## 1 "Senin ateşin var!"

• Resimlere sırayla bakın. Hikâyede olup biteni hayâl etmeye çalışın.

## 2 Hikâyede ne oluyor?

CD 3 Track 51

- Hikâyeyi birkaç defa dinleyin ve sessizce okuyarak takip edin.
- Hangi özet doğrudur: A mı, B mi? ☒

A ☐ Soğuk algınlığı olduğu için, Maria'nın doktor randevusu var. Carla onu arabayla muayenehaneye götürüyor.

B ☐ Maria'nın ateşi var. Maalesef doktorunun bugün randevu saatleri yok. Carla Maria'yı arabayla eve götürmek istiyor.

- Bulduğunuz sonucu çözüm anahtarıyla karşılaştırın (sayfa 237).

## 3 İki kadın tam olarak ne diyor?

- Almanca cümlelerden uygun olan çevirilere çizgi çekiniz.

A Mach Schluss, Maria, es ist Feierabend!
B Wollen wir noch in ein Lokal gehen?
C Lieber nicht. Ich habe keinen Hunger und keinen Durst.
D Du siehst müde aus.
E Sei mir nicht böse, aber gestern hast du besser ausgesehen.
F Ach, egal.
G Nein, ich kenne dich doch.
H Was fehlt dir denn?
I Na ja, ich habe Schnupfen und mein Kopf tut weh.

1. Yorgun görünüyorsun.
2. Neyin var?
3. Aman, boşver.
4. Yani, nezleyim ve başım ağrıyor.
5. Tercih etmem. Aç değilim ve susamıyorum.
6. Artık bırak işi Maria, paydos oldu.
7. Bir lokantaya gidelim mi?
8. Hayır, ben seni biliyorum.
9. Bana kızma, ama dün daha iyi görünüyordun.

---

J Mensch, du hast ja Fieber!
K Sicher 39 Grad oder noch mehr.
L Du musst zum Arzt!
M Zu meinem Doktor kann ich erst morgen gehen.
N Heute ist seine Praxis geschlossen.
O Dann musst du aber sofort nach Hause.
P Soll ich dich fahren?
Q Aber nein, Carla. Ich kann doch auch laufen oder ein Taxi bestellen.
R Unsinn! Warte eine Sekunde, ich hole mein Auto.

10. Seni arabayla götüreyim mi?
11. Bugün muayenehane kapalı.
12. O zaman sen hemen eve gitmelisin.
13. Saçmalama! Bir saniye bekle, arabayı getiriyorum.
14. Aman tanrım, ateşin var!
15. Doktora gitmelisin!
16. Kesinlikle 39 derece ya da fazla.
17. Doktoruma ancak yarın gidebilirim.
18. Ah hayır, Carla. Yürüyebilirim veya taksi ile çağırabilirim.

- Bulduğunuz sonucu çözüm anahtarıyla karşılaştırın (sayfa 237).

## 4 CD'yi birkaç defa daha dinleyin.

CD 3
Track
51

## 5 Eksik olan kelimeleri boşluklara yazınız.

- Eksik olan kelimeyi kutudan seçiniz ve uygun olan yere yazınız.

**ausgesehen Mensch nach Hause Grad Doktor Lokal laufen Hunger Praxis Sekunde müde kenne bestellen Schnupfen Schluss**

**A**

Mach .........................., Maria. Es ist Feierabend. Wollen wir noch in ein .................................. gehen?

Lieber nicht. Ich habe keinen ......................und keinen Durst.

**B**

Du siehst ...................... aus. Sei mir nicht böse, aber gestern hast du besser .................................. .

Ach, egal.

**C**

Nein, ich ..................... dich doch. Was fehlt dir denn?

Na ja, ich habe ....................................... und mein Kopf tut weh.

**D**

.............................., du hast ja Fieber! Sicher 39 .................................... oder noch mehr. Du musst zum Arzt.

**E**

Zu meinem ...................... kann ich erst morgen gehen. Heute ist seine ........................... geschlossen.

Dann musst du aber sofort .......................................... Soll ich dich fahren?

**F**

Aber nein, Carla. Ich kann doch auch ................. oder ein Taxi ..................................... .

Unsinn! Warte eine ..............................., ich hole mein Auto.

- Bulduğunuz sonucu çözüm anahtarıyla karşılaştırın (sayfa 237).

## 6 Dinleyin tekrar edin.

CD 3
Track
52

- Hikâyeyi tekrar cümle cümle dinleyin ve her cümleyi yüksek sesle tekrar edin. Telaffuzunuzdan emin olana kadar alıştırmayı tekrar edin.

## 7 Birkaç yeni kelime

CD 3
Track
53 – 54

- Çizime bakın. Sonra CD'den kelimeleri dinleyin ve tekrar edin.

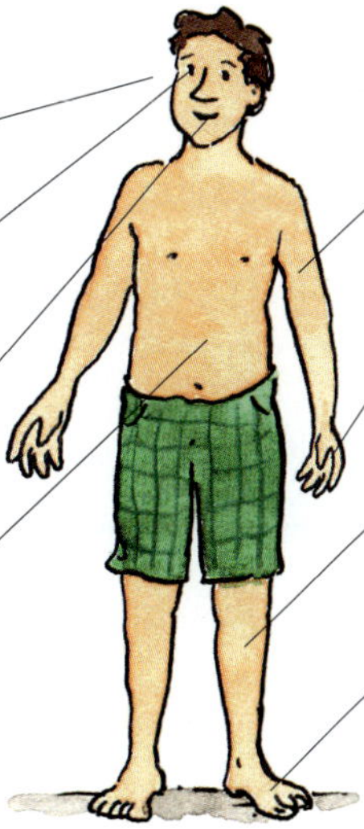

der Kopf – kafa
das Auge – göz
der Mund – ağız
der Bauch – karın
der Arm – kol
die Hand – el
das Bein – bacak
der Fuß – ayak

## 8 İnsanların nesi var?

- Çizimlere bakın ve her çizimin altında uygun olan cümleyi işaretleyin. ☒

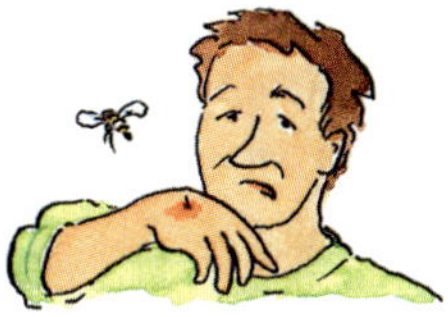

a.
1. Seine Hand tut weh. ☐
2. Sein Auge tut weh. ☐
3. Sein Bein tut weh. ☐

b.
1. Sie ist immer müde. ☐
2. Ihr Fuß tut weh. ☐
3. Ihr Arm tut weh. ☐

c.
1. Sein Kopf tut weh. ☐
2. Er hat Fieber. ☐
3. Sein Bauch tut weh. ☐

- Bulduğunuz sonucu çözüm anahtarıyla karşılaştırın (sayfa 237).

## 9 Doktor Bayan Neumann'a ne diyor?

CD 3
Track
55

- Konuşmayı CD'den dinleyin. Hangi üç cümle doğru? ☒

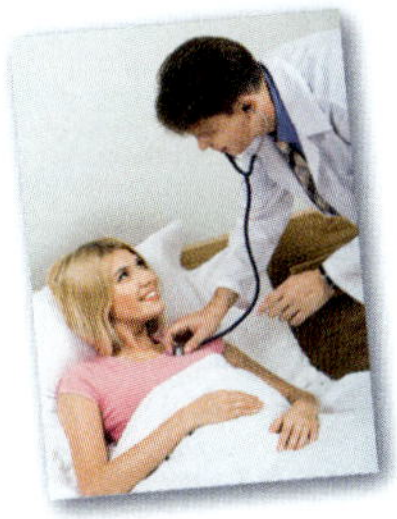

a. Frau Neumann soll viel trinken. ☐
b. Sie darf nicht arbeiten. ☐
c. Sie darf nicht laufen. ☐
d. Sie soll im Bett bleiben. ☐
e. Sie muss mehr essen. ☐
f. Sie muss mehr schlafen. ☐

- Bulduğunuz sonucu çözüm anahtarıyla karşılaştırın (sayfa 237).

## 10 Özet

### a. Faydalı ifadeler

- Her ifadeyi çevirisi ile beraber bir fiş kartonuna yazın ve arada bir onlarla alıştırma yapın.

| | |
|---|---|
| Was fehlt dir denn? | Senin neyin var? |
| Sein Kopf tut weh. | Başı ağrıyor. |
| Ihr Fuß tut weh. | Ayağı ağrıyor. |
| Ich habe Husten / Schnupfen / Fieber. | Öksürüğüm var. / Nezleyim. / Ateşim var. |
| Ich habe keinen Durst / keinen Hunger. | Susamadım. / Aç değilim. |
| Du siehst müde aus. | Yorgun görünüyorsun. |
| Gestern hast du besser ausgesehen. | Dün daha iyi görünüyordun. |
| Sei mir nicht böse. | Kızma bana. |
| Ich kenne dich doch. | Ben seni tanıyorum. |
| Soll ich dich fahren? | Seni götüreyim mi? |
| Warte eine Sekunde. | Bir saniye bekle. |
| Ich hole mein Auto. | Arabamı alıyorum. |
| Ich kann auch laufen / ein Taxi bestellen. | Yürüyebilirim de. / Taksi de çağırabilirim. |
| Die Praxis ist geschlossen. | Muayenehane kapalı. |
| 39 Grad oder noch mehr. | 39 derece ya da daha fazla. |

| | | | |
|---|---|---|---|
| Mach Schluss. | Bırak artık. | Egal. | Farketmez. |
| Unsinn! | Saçmalık! | | |

| | | | |
|---|---|---|---|
| der Arm, die Arme | kol | der Feierabend | paydos |
| das Auge, die Augen | göz | der Fuß, die Füße | ayak |
| das Auto, die Autos | araba | die Hand, die Hände | el |
| der Bauch, die Bäuche | karın | der Kopf, die Köpfe | baş |
| das Bein, die Beine | bacak | das Lokal, die Lokale | lokanta |
| der Doktor, die Doktoren | doktor | der Mensch, die Menschen | insan |
| | | der Mund, die Münder | ağız |

### b. Kültür ve günlük yaşam: Vücut ve hastalık

Bir çok doktora ancak randevu alarak gidilebilir. Büyük ani ağrılarda istisna olabilir. Muayene saatleri dışında acil durumlarda eve bir ambulans çağırılabilir veya en yakın hastanenin acil bölümüne gidilebilir. Özellikle kırsal bölgelerde doktorlar hastalarının yatalak oldukları durumlarda hâlâ ev ziyareti yapıyorlar.

# Du hast ja schon viele Weihnachtsgeschenke gekauft!

## Sen bir çok Noel hediyesi almışsın bile!

### Bu bölümde öğrenecekleriniz:

- Hediyeler hakkında nasıl konuşulur?
- Hangi durumlarda hangi insanlara hediye verilir?
- Bir davet nasıl ifade edilir?

### Faydalı kelimeler

- Aşağıdaki resimlere bakın. Bu, bir sonraki sayfadaki resimli hikâyeyi daha iyi anlamanız için yardımcı olacaktır.

das Geschenk
hediye

die CD
CD

Weihnachten
Noel

der Koffer
bavul

der Reiseführer
seyahat rehberi

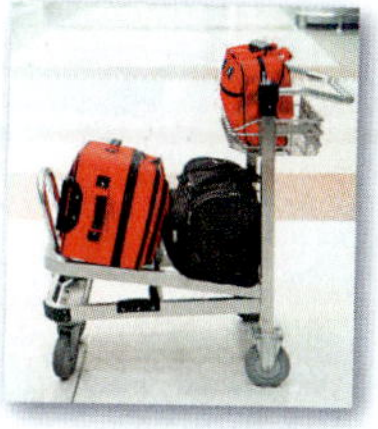

das Gepäck
bagaj

der Film
film

die Eintrittskarte
giriş bileti

CD 3
Track
56 – 57

- Bu kelimelerin telaffuzunu CD'den dinleyin ve tekrar edin.

## 1 "Sen bir çok Noel hediyesi almışsın bile!"

• Resimlere sırayla bakın ve hikâyede ne olup bittiğini hayâl etmeye çalışın.

## 2 Hikâyede ne oluyor?

CD 3 Track 58

- Hikâyeyi birkaç defa dinleyin ve sessizce okuyarak takip edin.
- Hangi özet doğrudur: A mı, B mi? ☒

**A** ☐ Bettina, bir kız arkadaşına noel hediyelerini kimin için düşündüğünü söylüyor.

**B** ☐ Bettina ve bir kız arkadaşı kime ne hediye vereceklerini bilmiyorlar.

- Bulduğunuz sonucu çözüm anahtarıyla karşılaştırın (sayfa 237).

## 3 Kişiler tam olarak ne diyor?

- Almanca cümlelerden uygun olan çevirilere çizgi çekiniz.

A Hallo Bettina, störe ich?
B Nein, du kannst mir helfen.
C Ich mache gerade Geschenke für Weihnachten fertig.
D Oh, du hast ja schon viele Weihnachtsgeschenke gekauft!
E Für wen sind denn die CDs hier?
F Die bekommen meine Eltern.
G Und der Reiseführer ist für meine Großeltern.
H Gibst du mir mal das Papier, bitte?
I Ja, gern. Was bekommen denn eure Kinder?

1. Bana kağıdı uzatır mısın?
2. Bunlar annem ve babam için.
3. Ve seyahat rehberi büyükannem ve büyükbabam için.
4. Evet, memnuniyetle. Sizin çocuklara ne vereceksiniz?
5. Merhaba Bettina, rahatsız ediyor muyum?
6. Hayır, bana yardım edebilirsin.
7. Noel için hediyeleri hazırlıyorum.
8. Bu CD'ler kimin için?
9. Ah, sen bir çok hediye almışsın zaten!

---

J Unser Sohn bekommt diesen Fußball und unsere Tochter kriegt diesen Film.
K Und der Koffer hier?
L Der ist auch für meine Großeltern.
M Sie reisen gern und sie nehmen immer viel Gepäck mit.
N Ich brauche noch ein Geschenk für einen Freund.
O Er hat früher Fußball gespielt.
P Dann ist die Lösung doch einfach.
Q Schenk ihm doch eine Eintrittskarte für seinen Lieblingsverein.

10. Tuttuğu takım için bilet hediye etsene.
11. Eskiden futbol oynardı.
12. O zaman çözüm çok kolay.
13. Bir arkadaşa daha bir hediye bulmam lazım.
14. Oğlumuza bu futbol topu, kızımıza bu filmi vereceğiz.
15. Onlar çok seyahat eder ve her zaman çok bagajları var.
16. O benim büyükannem ve büyükbabam için.
17. Ya bu bavul?

- Bulduğunuz sonucu çözüm anahtarıyla karşılaştırın (sayfa 237).

## 4 CD'yi birkaç defa daha dinleyin.

CD 3
Track
58

## 5 Eksik olan kelimeleri boşluklara yazınız.

- Eksik olan kelimeyi kutudan seçiniz ve uygun olan yere yazınız.

**Papier Geschenke Kinder Gepäck**
**Lösung Sohn Großeltern Eintrittskarte**
**Koffer Freund CDs Film reisen gekauft**

**A**

Hallo Bettina, störe ich?

Nein, du kannst mir helfen. Ich mache gerade .......................... für Weihnachten fertig.

**B**

Oh, du hast ja schon viele Weihnachtsgeschenke ..........................!
Für wen sind denn die .......................... hier?

**C**

Die bekommen meine Eltern. Und der Reiseführer ist für meine ................................. Gibst du mir mal das .........................., bitte?

**D**

Ja, gern. Was bekommen denn eure ..........................?

Unser .......................... bekommt diesen Fußball und unsere Tochter kriegt diesen ...........................

**E**

Und der .......................... hier?

Der ist auch für meine Großeltern. Sie .......................... gern und sie nehmen immer viel .......................... mit.

**F**

Ich brauche noch ein Geschenk für einen ........................... Er hat früher Fußball gespielt.

Dann ist die .......................... doch einfach. Schenk ihm doch eine ...................................... für seinen Lieblingsverein.

- Bulduğunuz sonucu çözüm anahtarıyla karşılaştırın (sayfa 237).

## 6 Dinleyin tekrar edin.

CD 3
Track
59

- Hikâyeyi tekrar cümle cümle dinleyin ve her cümleyi yüksek sesle tekrar edin. Telaffuzunuzdan emin olana kadar alıştırmayı tekrar edin.

CD 3
Track
60 – 61

## 7 Birkaç yeni kelime

• Resimlere bakın. Sonra CD'den kelimeleri dinleyin ve tekrar edin.

die Party
parti

der Geburtstag
doğum günü

grillen
mangal yapmak

CD 3
Track
62

## 8 Davetiye

• Önce metni okuyun ve sonra CD'den dinleyin.

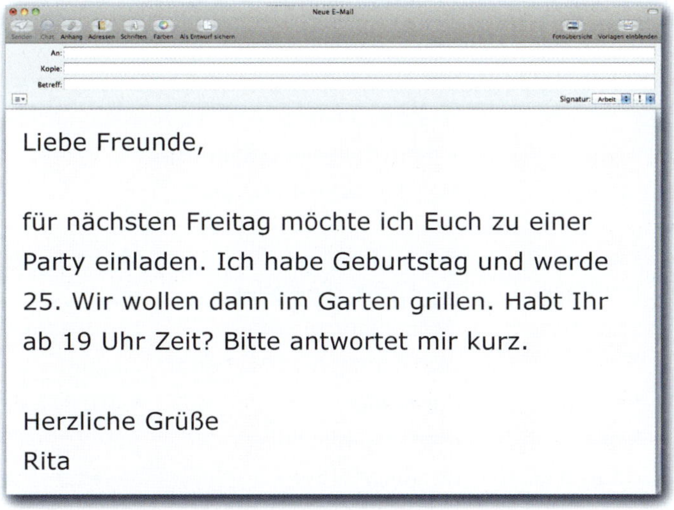

Liebe Freunde,

für nächsten Freitag möchte ich Euch zu einer Party einladen. Ich habe Geburtstag und werde 25. Wir wollen dann im Garten grillen. Habt Ihr ab 19 Uhr Zeit? Bitte antwortet mir kurz.

Herzliche Grüße
Rita

Sevgili arkadaşlar,

Gelecek cuma için sizi bir partiye davet etmek istiyorum. Benim doğum günüm ve 25 oluyorum. Bahçede mangal yapacağız. Saat 7'den sonra müsait misiniz? Lütfen haber verin.

Sevgiler
Rita

İşaretleyin: Richtig (doğru) veya Falsch (yanlış).

| | | | |
|---|---|---|---|
| a. | Rita hat am Samstag Geburtstag. | Richtig | Falsch |
| b. | Sie wird fünfundzwanzig Jahre alt. | Richtig | Falsch |
| c. | Sie möchte ihre Freunde zu einer Party einladen. | Richtig | Falsch |
| d. | Sie dürfen nicht im Garten grillen. | Richtig | Falsch |
| e. | Die Leute sollen ab sieben Uhr am Abend kommen. | Richtig | Falsch |
| f. | Sie sollen nicht antworten. | Richtig | Falsch |

• Bulduğunuz sonucu çözüm anahtarıyla karşılaştırın (sayfa 237).

## 9 Özet

### a. Faydalı ifadeler

- Her ifadeyi çevirisi ile beraber bir fiş kartonuna yazın ve arada bir onlarla alıştırma yapın.

| | |
|---|---|
| Störe ich? | Rahatsız ediyor muyum? |
| Ich mache Geschenke fertig. | Hediye hazırlıyorum. |
| Für wen ist / sind ...? | ... kimin için? |
| Was bekommen eure Kinder? | Çocuklarınıza ne veriyorsunuz? |
| Unsere Tochter kriegt diesen Film. | Kızımıza bu filmi vereceğiz. |
| Sie reisen gern. | Seyahat etmeyi seviyorlar. |
| Sie nehmen viel Gepäck mit. | Onlar yanlarına çok bagaj alıyor. |
| Du hast ja schon viele Geschenke gekauft. | Sen bir çok hediye almışsın zaten. |
| Er hat früher Fußball gespielt. | O eskiden futbol oynuyordu. |
| Die Lösung ist einfach. | Çözüm kolay. |
| Schenk ihm doch ... | Ona ... hediye etsene. |
| Liebe Freunde | Sevgili arkadaşlar |
| Herzliche Grüße | En içten selamlar |
| Ich möchte Euch einladen. | Sizi davet etmek istiyorum. |
| Wir wollen grillen. | Mangal yapmak istiyoruz. |

| | | | |
|---|---|---|---|
| die CD, die CDs | CD | das Kind, die Kinder | çocuk |
| die Eintrittskarte | giriş bileti | der Koffer, die Koffer | bavul |
| die Eltern | anne baba | der Lieblingsverein | tutulan takım |
| der Film, die Filme | film | die Lösung, die Lösungen | çözüm |
| der Freund, die Freunde | erkek arkadaş | das Papier | kağıt |
| der Fußball, die Fußbälle | futbol | die Party, die Partys | parti |
| der Geburtstag, die Geburtstage | doğum günü | der Reiseführer, die Reiseführer | seyahat rehberi |
| das Gepäck | bagaj | der Sohn, die Söhne | erkek evlat |
| das Geschenk, die Geschenke | hediye | die Tochter, die Töchter | kız evlat |
| die Großeltern | büyükanne büyükbaba | der Verein, die Vereine | dernek |
| | | Weihnachten | Noel |
| der Gruß, die Grüße | selam | das Weihnachtsgeschenk | Noel hediyesi |

### b. Kültür ve günlük yaşam: Kutlama ve hediyeler

Noel yılın en önemli aile kutlamasıdır, özellikle çocuklar için. O zaman aile üyeleri, belki ayrıca akrabalar ve samimi arkadaşlar birbirlerine hediyeler verir.
Kendi doğum gününe çoğu zaman aile ve arkadaşlar çağırılır ve onlarla beraber kutlanır. Doğum günü çocuğuna ayrıca hediye verilir.

# Welche Schuhe mögen Sie lieber?

## Hangi ayakkabıyı daha çok seviyorsunuz?

### Bu bölümde öğrenecekleriniz:

- Bir ayakkabı alışverişinde neler söylenebilir?
- Bir şeyin sevip sevilmediği nasıl söylenir?
- Renkler için birkaç kelime.

### Faydalı kelimeler

- Aşağıdaki kelimelerle bir sonraki resimli hikâyeyi daha iyi anlayacaksınız.

der Verkäufer
satıcı

der Laden
dükkan

die Größe
numara

die Farbe
renk

der Preis
fiyat

der Cent
Sent

CD 3
Track
63 – 64

- Bu kelimelerin telaffuzunu CD'den dinleyin ve tekrar edin.

## 1 "Hangi ayakkabıyı daha çok seviyorsunuz?"

- Altı resme sırayla bakın.
- Neler olup bitiyor ve insanlar acaba ne diyor?

A

B

C

D

E

F

CD 3
Track
65

## 2 Hikâyede ne oluyor?

- Hikâyeyi birkaç defa dinleyin ve sessizce okuyarak takip edin.
- Hangi özet doğrudur: A mı, B mi? ☒

**A** ☐ İki kız arkadaş bir ayakkabı dükkanına giriyor. Satıcıyla konuşmak istiyorlar fakat satıcı onlara zaman ayırmıyor.

**B** ☐ Bir kadın kız arkadaşı ile bir ayakkabı dükkanına giriyor. Diğer ayakkabılar dar oldukları için, kırmızı olanları alıyor.

- Bulduğunuz sonucu çözüm anahtarıyla karşılaştırın (sayfa 237).

## 3 İnsanlar tam olarak ne diyor?

- Almanca cümlelerden uygun olan çevirilere çizgi çekiniz.

| | | | |
|---|---|---|---|
| A | Die Schuhe da hinten links gefallen mir. | 1. | Bu ayakkabılar hakkında fikrin ne? |
| B | Und die daneben finde ich auch ganz gut. | 2. | O zaman sizinle ilgileneceğim. |
| C | Komm, gehen wir mal in den Laden. | 3. | Arkada solda olan ayakkabıları beğeniyorum. |
| D | Ich möchte beide Schuhe mal anziehen. | 4. | Beğenmiyorum. Benim için fazla elegan. |
| E | Ja, der Verkäufer soll sie dir mal in deiner Größe holen. | 5. | İşim hemen bitiyor. |
| F | Was hältst du von diesen Schuhen? | 6. | Ve onun yanındakiler de fena değil. |
| G | Nichts. Die sind mir zu elegant. | 7. | Evet, satıcı onlardan senin numaranda olanı getirsin. |
| H | Ich bin gleich fertig. | 8. | Gel, dükkana girelim. |
| I | Dann kümmere ich mich um Sie. | 9. | İki ayakkabıyı da denemek istiyorum. |
| J | Welche Schuhe mögen Sie lieber? | 10. | Bunlarla uzun mesafe yürüyemem. |
| K | Die ersten. Diese drücken hier rechts am Fuß. | 11. | Hayır tesekkürler, en çok kırmızı renkli huşuma gidiyor. |
| L | Damit kann ich nicht lange laufen. | 12. | Fiyatı sadece 39 Euro ve 90 Sent. |
| M | Ich habe die Schuhe auch noch in anderen Farben. | 13. | Hangi ayyakkabıları daha çok beğeniyorsunuz? |
| N | Nein danke, rot gefallen sie mir am besten. | 14. | İlkleri. Bunlar sağ taraftan ayağı sıkıyor. |
| O | Willst du die kaufen? | 15. | Tabii! Fiyatı gördün mü? |
| P | Na klar! Hast du den Preis gesehen? | 16. | Bu ayakkabı başka renklerde de var. |
| Q | Die kosten nur 39 Euro und 90 Cent. | 17. | Onları almak istiyor musun? |

- Bulduğunuz sonucu çözüm anahtarıyla karşılaştırın (sayfa 237).

## 4 CD'yi birkaç defa daha dinleyin.

CD 3 Track 65

## 5 Eksik olan kelimeleri boşluklara yazınız.

- Eksik olan kelimeyi kutudan seçiniz ve uygun olan yere yazınız.

**Größe lange elegant Schuhe kaufen kümmere besten drücken finde Preis Nichts Laden kosten Verkäufer Farben rot anziehen fertig links**

**A**

Die .................... da hinten .................... gefallen mir. Und die daneben .................... ich auch ganz gut.

Komm, gehen wir mal in den .....................

**B**

Ich möchte beide Schuhe mal .....................

Ja, der .................... soll sie dir mal in deiner .................... holen.

**C**

Was hältst du von diesen Schuhen?

..................... Die sind mir zu .....................

Ich bin gleich ...................... Dann .................... ich mich um Sie.

**D**

Welche Schuhe mögen Sie lieber?

Die ersten. Diese .................... hier rechts am Fuß. Damit kann ich nicht .................... laufen.

**E**

Ich habe die Schuhe auch noch in anderen .....................

Nein danke, .................... gefallen sie mir am .....................

**F**

Willst du die ....................?

Na klar! Hast du den .................... gesehen? Die .................... nur 39 Euro und 90 Cent.

- Bulduğunuz sonucu çözüm anahtarıyla karşılaştırın (sayfa 237).

## 6 Dinleyin tekrar edin.

CD 3 Track 66

- Hikâyeyi tekrar cümle cümle dinleyin ve her cümleyi yüksek sesle tekrar edin. Telaffuzunuzdan emin olana kadar alıştırmayı tekrar edin.

CD 3
Track
67 – 68

## 7 Birkaç yeni kelime

• Renklere bakın. Sonra CD'den kelimeleri dinleyin ve tekrar edin.

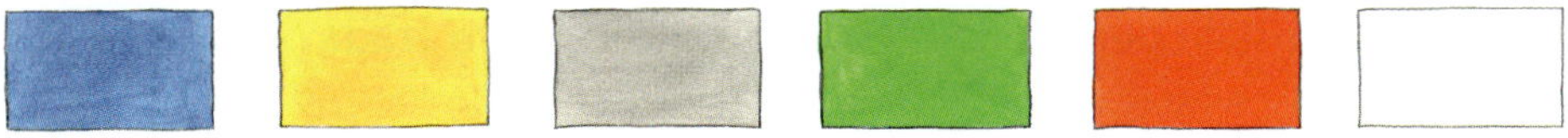

| blau | gelb | grau | grün | rot | weiß |
|---|---|---|---|---|---|
| mavi | sarı | gri | yeşil | kırmızı | beyaz |

## 8 Cümleleri tamamlayın.

• Resimlere bakın ve uygun olan rengi boşluklara yazın.

a. Der Schuh ist grau.

b. Die Banane ist .................... .

c. Die Tomaten sind .................... .

d. Das Meer ist .................... .

e. Die Äpfel sind .................... .

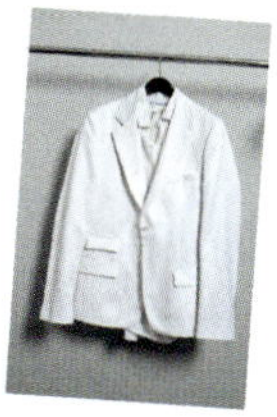

f. Die Jacke ist .................... .

• Bulduğunuz sonucu çözüm anahtarıyla karşılaştırın (sayfa 237).

CD 3
Track
69 – 74

## 9 Hangisi doğru?

• CD'den altı tane kısa konuşma dinleyin. Hangisi doğru? [X]

a.
1. Sie möchte die Schuhe anziehen. ☐
2. Sie möchte die Schuhe nicht anziehen. ☐

b.
1. Der Verkäufer kümmert sich nicht um sie. ☐
2. Der Verkäufer kommt gleich. ☐

c.
1. Die Farbe gefällt ihr nicht. ☐
2. Die Farbe gefällt ihr gut. ☐

d.
1. Der Schuh drückt rechts am Fuß. ☐
2. Der Schuh drückt links am Fuß. ☐

e.
1. Sie findet die Schuhe ganz gut. ☐
2. Sie findet die Schuhe zu elegant. ☐

f.
1. Die Schuhe kosten 69 Euro 90 ☐
2. Die Schuhe kosten 59 Euro 95 ☐

• Bulduğunuz sonucu çözüm anahtarıyla karşılaştırın (sayfa 237).

## 10 Özet

### a. Faydalı ifadeler

- Her ifadeyi çevirisi ile beraber bir fiş kartonuna yazın ve arada bir onlarla alıştırma yapın.

| | |
|---|---|
| Die Schuhe gefallen mir. | Ayakkabıları beğeniyorum. |
| Gehen wir mal in den Laden. | Dükkana girelim. |
| Ich möchte beide Schuhe anziehen. | Ayakkabının ikisini de denemek istiyorum. |
| Was hältst du von … ? | … nasıl buluyorsun? |
| Ich bin gleich fertig. | İşim hemen bitiyor. |
| Dann kümmere ich mich um Sie. | Sonra sizinle ilgileneceğim. |
| Welche Schuhe mögen Sie lieber? | Hangi ayyakkabıyı daha çok sevdiniz? |
| Die Schuhe drücken. | Ayakkabılar sıkıyor. |
| Damit kann ich nicht lange laufen. | Bunlarla uzun mesafe yürüyemem. |
| Ich habe die Schuhe noch in anderen Farben. | Ayakkabılar farklı renklerde de var. |
| Willst du die kaufen? | Bunları almak istiyor musun? |

| | | | |
|---|---|---|---|
| der Cent, die Cent | Sent | der Laden, die Läden | dükkan |
| die Farbe, die Farben | renk | der Preis, die Preise | fiyat |
| die Größe, die Größen | numara | der Verkäufer, die Verkäufer | satıcı |

| | | | | | | | |
|---|---|---|---|---|---|---|---|
| beide | ikisi | grau | gri | am besten | en çok, en iyi | lang | uzun |
| blau | mavi | grün | yeşil | andere | diğer | links | sol |
| elegant | elegan | rot | kırmızı | daneben | yanında | nichts | hiç |
| gelb | sarı | weiß | beyaz | hinten | arkada | rechts | sağ |
| | | | | | | welche? | hangileri? |

### b. Kültür ve günlük yaşam: Ayakkabı dükkanları

Bir çok farklı dükkanda olduğu gibi (giysi, takı) ayakkabı dükkanları da genelde var olan modellerin büyük bir kısmını vitrinlerde sunuyor. Dükkana girmeye gerek kalmadan onlara bakılabilir.

Dükkanlarda ayakkabılar numaralara göre raflarda düzenlenmiş durumda. Her zaman sadece bir tane ayakkabı sergileniyordur. Ayakkabıları denemek istediğinizde satıcıyı (kadın veya erkek) çağırıp, diğer ciftini depodan getirmesini rica edersiniz.

# Das Ding ist kaputt.

## O şey bozuk.

### Bu bölümde öğrenecekleriniz:

- Teknik aletlerin durumu hakkında nasıl konuşulur?
- Bir şeyin açık veya kapalı olduğu nasıl belirtilir?
- Birkaç yiyeceğin ismi.

### Faydalı kelimeler

- Aşağıdaki kelimelerle bir sonraki resimli hikâyeyi daha iyi anlayacaksınız.

der Fisch
balık

das Fleisch
et

das Gemüse
sebze

der Kühlschrank
buzdolabı

die Reparatur
tamir

das Geschäft
dükkan, mağaza

CD 4 Track 1 – 2

- Bu kelimelerin telaffuzunu CD'den dinleyin ve tekrar edin.

## 1 "O şey bozuk."

- Altı resme sırayla bakın.
- Neler olup bitiyor ve insanlar acaba ne diyor?

## 2 Hikâyede ne oluyor?

CD 4 Track 3

- Hikâyeyi birkaç defa dinleyin ve sessizce okuyarak takip edin.
- Hangi özet doğrudur: A mı, B mi? ☒

**A** ☐ Bir çift yemek hazırlamak istiyor ve bu sırada buzdolabının bozulduğunu anlıyor. Yeni bir tane almak istiyorlar.

**B** ☐ Genç bir çift, buzdolabında çok az yiyeceğin olmasına şaşırıyorlar. Bu yüzden önce alışverişe gitmeye karar veriyorlar.

- Bulduğunuz sonucu çözüm anahtarıyla karşılaştırın (sayfa 237).

## 3 İnsanlar tam olarak ne diyor?

- Almanca cümlelerden uygun olan çevirilere çizgi çekiniz.

| | | | |
|---|---|---|---|
| A | Was wollen wir heute kochen? | 1. | Ne? Bunu anlamıyorum. |
| B | Ich weiß nicht. | 2. | Buzdolabına baksana. |
| C | Sieh mal in den Kühlschrank. | 3. | Dinlesene, buzdolabı zaten çok yüksek ses çıkartıyor. |
| D | Wir haben Fisch, Fleisch, Gemüse, aber das riecht alles komisch. | 4. | Bugün ne yemek hazırlayalım? |
| E | Was? Das verstehe ich nicht. | 5. | Bunun anlamı ne olabilir? |
| F | Hör mal, der Kühlschrank ist auch viel zu laut. | 6. | Balık, et ve sebze var, ama hepsinin kokusu garip. |
| G | Das ist nicht normal. | 7. | Bilmiyorum. |
| H | Ja, sonst ist er immer ganz leise. | 8. | Evet, normalde çok sessiz. |
| I | Was kann das bedeuten? | 9. | Bu normal değil. |

| | | | |
|---|---|---|---|
| J | Ganz einfach, das Ding ist kaputt. | 10. | O zaman kolay bir şekilde tamir edilebilir. |
| K | Vielleicht ist es nur ein kleiner Fehler. | 11. | Bu şekilde devam edemez. |
| L | Dann kann man ihn leicht reparieren. | 12. | Bu aralar bu mağazada çok uygun buzdolapları var. |
| M | Sicher nicht! | 13. | Çok basit, bu bozuk. |
| N | Die letzte Reparatur ist nicht lange her. | 14. | Tamam, o zaman gitmeli. |
| O | So geht das nicht weiter. | 15. | Belki sadece küçük bir arızadır. |
| P | Gut, dann muss er weg. | 16. | O, ne kadar güzel! |
| Q | Oh, das ist ja toll! | 17. | Son tamirin üzerinden çok zaman geçmedi. |
| R | In diesem Geschäft gibt es Kühlschränke zurzeit sehr günstig. | 18. | Kesin öyle değildir! |

- Bulduğunuz sonucu çözüm anahtarıyla karşılaştırın (sayfa 237).

CD 4 Track 3

## 4 CD'yi birkaç defa daha dinleyin.

## 5 Eksik olan kelimeleri boşluklara yazınız.

- Eksik olan kelimeyi kutudan seçiniz ve uygun olan yere yazınız.

**Fleisch leicht bedeuten Ding günstig Reparatur kochen Hör weiter Kühlschrank Sicher Geschäft Fehler riecht laut verstehe**

**A**

Was wollen wir heute ..............................?

Ich weiß nicht. Sieh mal in den ............................................... .

**B**

Wir haben Fisch, ..........................., Gemüse, aber das ........................... alles komisch.

Was? Das .............................. ich nicht.

**C**

...................................... mal, der Kühlschrank ist auch viel zu ........................ . Das ist nicht normal.

Ja, sonst ist er immer ganz leise. Was kann das ..............................?

**D**

Ganz einfach, das ........................... ist kaputt.

Vielleicht ist es nur ein kleiner ........................ . Dann kann man ihn .................................... reparieren.

**E**

........................... nicht! Die letzte ............................. ist nicht lange her. So geht das nicht ........................ .

Gut, dann muss er weg.

**F**

Oh, das ist ja toll! In diesem ............................ gibt es Kühlschränke zurzeit sehr .............................. .

- Bulduğunuz sonucu çözüm anahtarıyla karşılaştırın (sayfa 237).

CD 4 Track 4

## 6 Dinleyin tekrar edin.

- Hikâyeyi tekrar cümle cümle dinleyin ve her cümleyi yüksek sesle tekrar edin. Telaffuzunuzdan emin olana kadar alıştırmayı tekrar edin.

CD 4
Track
5 – 6

## 7 Birkaç yeni kelime

• Altı resme bakın. Sonra CD'den kelimeleri dinleyin ve tekrar edin.

Das Licht ist an.
Işık yanıyor.

Der Kühlschrank ist auf.
Buzdolabı açık.

Er macht das Feuer an.
Ateşi yakıyor.

Das Licht ist aus.
Işık yanmıyor.

Der Kühlschrank ist zu.
Buzdolabı kapalı.

Sie macht das Feuer aus.
Ateşi söndürüyor.

## 8 Hangisi doğru?

• Çizimlere bakın. Iki cümle arasında hangisinin doğru olduğuna karar verin. ☒

a.
1. Das Feuer ist an. ☐
2. Das Feuer ist aus. ☐

b.
1. Die Augen sind auf. ☐
2. Die Augen sind zu. ☐

c.
1. Er macht die Dusche an. ☐
2. Er macht die Dusche aus. ☐

d.
1. Er will die Waschmaschine anmachen. ☐
2. Er will die Waschmaschine ausmachen. ☐

e.
1. Der Schrank ist auf. ☐
2. Der Schrank ist zu. ☐

f.
1. Der Computer ist an. ☐
2. Der Computer ist aus. ☐

CD 4
Track
7 – 8

• Kontrol için doğru cümleleri CD'den dinleyin ve tekrar edin.

## 9 Özet

### a. Faydalı ifadeler

- Her ifadeyi çevirisi ile beraber bir fiş kartonuna yazın ve arada bir onlarla alıştırma yapın.

| | |
|---|---|
| Was wollen wir heute kochen? | Bugün ne yemek hazırlayalım? |
| Ich weiß nicht. | Bilmiyorum. |
| Das riecht komisch. | Garip kokuyor. |
| Das verstehe ich nicht. | Bunu anlamıyorum. |
| Hör mal. | Dinlesene. |
| Was kann das bedeuten? | Bunun anlamı ne olabilir? |
| Man kann ihn leicht reparieren. | Kolay bir şekilde tamir edilebilir. |
| Die letzte Reparatur ist nicht lange her. | Son tamirin üzerinden çok zaman geçmedi. |
| So geht das nicht weiter. | Bu şekilde devam edemez. |
| Dann muss er weg. | O zaman gitmeli. |
| Das Licht ist an. | Işık yanıyor. |
| Das Licht ist aus. | Işık yanmıyor. |
| Der Kühlschrank ist auf. | Buzdolabı açık. |
| Der Kühlschrank ist zu. | Buzdolabı kapalı. |
| Er macht das Feuer an. | Ateşi yakıyor. |
| Sie macht das Feuer aus. | Ateşi söndürüyor. |

| | |
|---|---|
| das Ding, die Dinge | şey |
| der Fehler, die Fehler | hata, arıza |
| das Feuer | ateş |
| der Fisch, die Fische | balık |
| das Fleisch | et |
| das Gemüse | sebze |
| das Geschäft, die Geschäfte | mağaza |
| der Kühlschrank, die Kühlschränke | buzdolabı |
| das Licht, die Lichter | ışık |
| die Reparatur, die Reparaturen | tamir |

lang uzun  laut gürültülü  leise sessiz  normal normal  zurzeit bu aralar

### b. Kültür ve günlük yaşam: Tamirler

Buzdolabı, derin dondurucu, bulaşık makinesi, ocak, fırın, çamaşır makinesi (ve çoğu zaman çamaşır kurutucusu) bugün standarttır. Bu cihazlar gittikçe daha fazla elektronik parçalar içeriyor. Bundan dolayı neredeyse hiç bir kullanıcı onları tek başına tamir edemez. Bir usta tarafından tamir edilmesi gerekiyor. Bunların yedek parçaları pahalı olduğu için, eski cihazları tamir ettirmek anlamlı olmuyor. Yeni cihaz alınca genelde bozuk olan eski cihaz satıcı tarafından alınır. Yoksa kullanıcının onu çevreye uygun bir şekilde atması gerekiyor.

# Rückblick D

## Geriye bakış D

### 1 'Kutlama ve davetler' ile ilgili daha fazla kelime.

CD 4
Track
9 – 10

- Önce CD'den birkaç yeni kelime dinleyin ve sonra tekrar edin.

| die Einladung | der Feiertag | der Glückwunsch | die Geburt |
|---|---|---|---|
| davetiye | bayram günü | tebrik | doğum |

| das Bier | feiern | gratulieren |
|---|---|---|
| bira | kutlamak | tebrik etmek |

- Her ifadeyi çevirisi ile beraber bir karta yazın.

### 2 Bir davetiyeye cevap vermek

- Rita'nın arkadaşlarına yazdığı davetiyeyi tekrar okuyun.

Liebe Freunde,
für nächsten Freitag möchte ich Euch zu einer Party einladen. Ich habe Geburtstag und werde 25.
Wir wollen dann im Garten grillen. Habt Ihr ab 19 Uhr Zeit? Bitte antwortet mir kurz.
Herzliche Grüße
Rita

- Şimdi Jörg'den gelen cevabı okuyun.

Hallo Rita,
vielen Dank für die Einladung. Natürlich komme ich gern.
Ich kann auch Fleisch, Bier und Apfelsaft mitbringen.
Dann musst Du nicht alles einkaufen. In Ordnung?
Ich freue mich schon.
Liebe Grüße
Jörg

- İşaretleyin: Richtig veya Falsch.

a. Jörg kann nicht zu der Party kommen. Richtig Falsch
b. Rita soll Fleisch, Bier und Apfelsaft einkaufen. Richtig Falsch
c. Jörg freut sich schon auf die Party. Richtig Falsch

- Bulduğunuz sonucu çözüm anahtarıyla karşılaştırın (sayfa 237).

## 3 Anja partiye gelemiyor. Rita'ya bir mesaj yazıyor.

- Önce cümleleri okuyun.
- Cümlelerin sonuna mantıklı bir sıraya göre rakam yazın.

a. Am Donnerstag muss ich mit meinem Chef nach Zürich fahren. ☐
b. Herzliche Grüße und bis bald ☐
c. Liebe Rita, 1
d. Aber leider kann ich nicht mit Euch feiern. ☐
e. Und ich komme erst am Samstag wieder nach Hause. ☐
f. Deine Anja ☐
g. herzlichen Dank für Deine Einladung. ☐

- Bulduğunuz sonucu çözüm anahtarıyla karşılaştırın (sayfa 237).

## 4 Dilek kartları

- Önce dilek kartlarına bakın ve metinleri okuyun.

1

Schöne Feiertage!

2

Herzlichen Glückwunsch zum Geburtstag!

3

Wir gratulieren zur Geburt von Alexander.

4

Ein gutes neues Jahr!

- Bu kartlar hangi olaylar için gönderilir?
- Kartın numarasını yazın.

Diese Karte schickt man
a. zum Geburtstag ☐
b. zur Geburt von einem Kind ☐
c. zu Weihnachten ☐
d. zum neuen Jahr ☐

- Bulduğunuz sonucu çözüm anahtarıyla karşılaştırın (sayfa 237).

## 5 Açmak ve kapatmak

Bazı kelimeler iki parçadan oluşur. Belli durumlarda parçalar birleşik kalır, farklı durumlarda ayrılırlar. Örneğin:

Er soll das Feuer anmachen.
→ Er macht das Feuer an.

- Uygun kelimeleri boşluklara yazın.

**auf ein aus an mit an aus**

a. Sie soll das Feuer ausmachen.
Sie macht das Feuer ........................ .

b. Er soll den Kühlschrank aufmachen.
Er macht den Kühlschrank ........................ .

c. Sie soll die Schuhe anziehen.
Sie zieht die Schuhe ........................ .

d. Er soll den Vermieter anrufen.
Er ruft den Vermieter ........................ .

e. Sie soll das Formular ausfüllen.
Sie füllt das Formular ........................ .

f. Sie soll Tomaten einkaufen.
Sie kauft Tomaten ........................ .

g. Sie soll Kartoffeln mitbringen.
Sie bringt Kartoffeln ........................ .

- Bulduğunuz sonucu çözüm anahtarıyla karşılaştırın (sayfa 237).

## 6 'Boş zaman' ile ilgili daha fazla kelime.

CD 4
Track
11 – 12

- Önce CD'den birkaç yeni kelime dinleyin ve sonra tekrar edin.

| | | |
|---|---|---|
| das Hobby<br>hobi | wandern<br>yürüyüş yapmak | schwimmen<br>yüzmek |
| tanzen<br>dans etmek | fernsehen<br>televizyon seyretmek | Rad fahren<br>bisiklet sürmek |

- Her ifadeyi çevirisi ile beraber bir karta yazın.

## 7 Herşey ağrıyor.

- Uygun kelimeleri boşluklara yazın.

**Ihr** ~~**Seine**~~ **Sein** ~~**Ihre**~~ **Seine** **Ihre** **Seine** **Sein** **Ihr**

Lisa und Klaus haben viele Hobbys, aber :

a. Am Wochenende kann Lisa nicht wandern. Ihre Füße tun weh.
b. Am Montag kann sie nicht schwimmen. .................... Bauch tut weh.
c. Am Mittwoch kann sie nicht Rad fahren. .................... Beine tun weh.
d. Am Freitag kann sie nicht lesen. .................... Kopf tut weh.

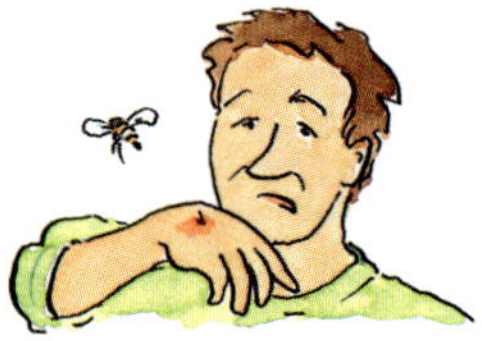

e. Am Samstag kann Klaus nicht Rad fahren. Seine Füße tun weh.
f. Am Sonntag kann er nicht tanzen. .................... Beine tun weh.
g. Am Dienstag kann er nicht fernsehen. .................... Auge tut weh.
h. Am Donnerstag kann er nicht Karten spielen. .................... Hand tut weh.
i. Am Freitag kann er nicht ins Restaurant gehen. .................... Bauch tut weh.

- Bulduğunuz sonucu çözüm anahtarıyla karşılaştırın (sayfa 237).

## 8 Geçmiş hakkında konuşmak

CD 4
Track
13 – 14

- Alttaki cümleleri CD'den dinleyin ve tekrar edin.

Am Montag habe ich gearbeitet.
Am Dienstag habe ich Geschenke gekauft.
Am Mittwoch habe ich gelernt.
Am Donnerstag habe ich gekocht.
Am Freitag habe ich getanzt.
Am Samstag habe ich Fußball gespielt.
Und am Sonntag habe ich nichts gemacht.

## 9 Geçmişte ve bugün

• Uygun kelimeleri boşluklara yazın.

**wohnt** ~~**gewohnt**~~ **spielt** **gespielt** **kocht** **gekocht** **tanzt** **getanzt**

a. Früher hat Wolfgang in Wien gewohnt. Heute wohnt er in Berlin.
b. Früher hat er Fußball gespielt. Heute .............................. er Karten.
c. Früher hat er gern ............................... Heute kocht er nicht so gern.
d. Früher hat er nicht gern getanzt. Heute .............................. er gern.

e. Früher hat Bettina in Hamburg gewohnt. Heute .............................. sie in München.
f. Früher hat sie Karten ............................... Heute spielt sie Fußball.
g. Früher hat sie nicht so gern gekocht. Heute .............................. sie gern.
h. Früher hat sie gern ............................... Heute tanzt sie nicht gern.

• Bulduğunuz sonucu çözüm anahtarıyla karşılaştırın (sayfa 237).

## 10 'Satın almak ve ödemek' ile ilgili daha fazla kelime.

CD 4 Track 15 – 16

• Önce CD'den birkaç yeni kelime dinleyin ve sonra tekrar edin.

| bar zahlen | das Konto | überweisen |
| --- | --- | --- |
| nakit ödemek | hesap | havale yapmak |

• Her ifadeyi çevirisi ile beraber bir karta yazın.

## 11 Kanepeyi almak istiyor.

CD 4 Track 17

• Konuşmayı CD'den dinleyin.
• İşaretleyin: Richtig veya Falsch

| | | |
| --- | --- | --- |
| a. Das Sofa soll 300 Euro kosten. | Richtig | Falsch |
| b. Anja Schneider möchte das Geld überweisen. | Richtig | Falsch |
| c. Udo Amato hat kein Konto. | Richtig | Falsch |
| d. An der Ecke ist ein Geldautomat. | Richtig | Falsch |

• Bulduğunuz sonucu çözüm anahtarıyla karşılaştırın (sayfa 237).

## 12 Sorular ve cevaplar

- Her soruyla uygun olan cevap arasında çizgi çekin.

A Wie groß ist das Bett?
B Welche Farbe hat der Schrank?
C Wie viele Leute können auf dem Sofa sitzen?
D Möchtest du ein Bier trinken?
E Du siehst nicht gut aus. Was fehlt dir denn?
F Soll ich dich nach Hause fahren?
G Für wen sind die Geschenke hier?
H Warum kaufst du diese Schuhe nicht?
I Warum ist der Kühlschrank so laut?

1. Die sind für meine Eltern.
2. Diese Schuhe gefallen mir nicht.
3. Nein danke. Ich laufe lieber nach Hause.
4. Es ist neunzig Zentimeter breit und zwei Meter lang.
5. Ganz einfach. Das Ding ist kaputt.
6. Darauf können vier Leute sitzen.
7. Ich habe Schnupfen und mein Kopf tut weh.
8. Nein danke. Ich habe keinen Durst.
9. Der Schrank ist blau.

- Bulduğunuz sonucu çözüm anahtarıyla karşılaştırın (sayfa 237).

## 13 Sol tarafta bulunan üç kelimeye hangisi uyuyor?

- Doğru kelimeyi boşluğa yazın.

**feiern** ~~**trinken**~~ **wehtun** **kochen** **ausmachen** **schwimmen**

a. das Bier, das Wasser, die Milch ..trinken..
b. das Meer, der See, das Schwimmbad ..........
c. der Fisch, die Kartoffeln, das Gemüse ..........
d. das Feuer, das Licht, der Fernseher ..........
e. die Party, der Geburtstag, Weihnachten ..........
f. der Arm, das Bein, der Bauch ..........

- Bulduğunuz sonucu çözüm anahtarıyla karşılaştırın (sayfa 237).

## Ve bu şekilde devam edecek:

Kitabın son beş bölümünde kahvaltı yapan, turistik mekanları ziyaret eden, şehirlerarası yolda tuhaf bir karşılaşma yaşayan veya uçak seyahati yapan insanlarla karşılaşacaksınız. Sonuçta bir dil kursunda sınava hazırlanan bir grupla tanışacaksınız. Ayrıca daha fazla geçmiş hakkında konuşmayı, form doldurmayı ve kendinizi bir dil sınavına hazırlanmayı öğreneceksiniz.

# Wir frühstücken gleich.

## Birazdan kahvaltı yapıyoruz.

### Bu bölümde öğrenecekleriniz:

- Gıda ürünleri ile ilgili birkaç kelime.
- Kahvaltıda ne yenilir ve içilir?
- Bir şeyin az veya çok nasıl istendiği.

### Faydalı kelimeler

- Resimlere bakın. Bir sonraki sayfadaki hikâyeyi anlamanıza yardımcı olacaktır.

die Butter
tereyağ

der Schinken
jambon

das Glas
bardak

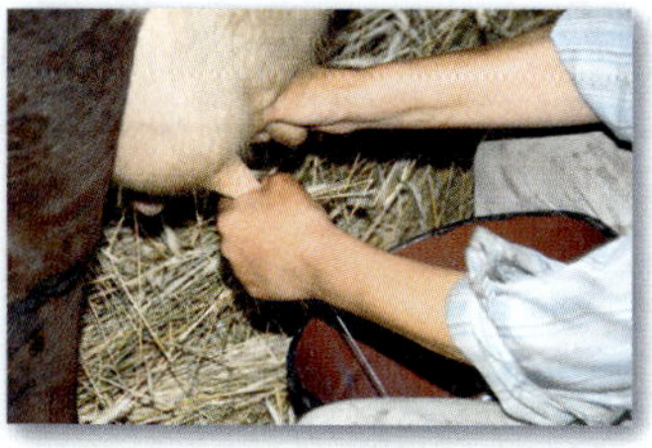

die Milch
süt

das Ei
yumurta

die Flasche
şişe

CD 4
Track
18 – 19

- Bu kelimelerin telaffuzunu CD'den dinleyin ve tekrar edin.

## 1 "Birazdan kahvaltı yapıyoruz."

- Resimli hikâyeye bakınız.
- Kişilerin ne söyleyebileceklerini düşünün.

A

B

C

D

E

F

## 2 Hikâyede ne oluyor?

CD 4 Track 20

- Hikâyeyi birkaç defa dinleyin ve sessizce okuyarak takip edin.
- Hangi özet doğrudur: A mı, B mi? ☒

**A** ☐ Küçük bir oğlan kahvaltıda bir bardak süt içmek istiyor. Annesi ona tereyağlı bir ekmek hazırlıyor, fakat o sadece bir yumurta yemek istiyor. Kahvaltıdan sonra annesi onu hemen anaokuluna götürüyor.

**B** ☐ Bir anne küçük oğlu ile beraber kahvaltı yapıyor. Oğlan tereyağı sürülmüş bir ekmek dilimi ve bir yumurta yiyor, meyve suyu içiyor. Annesi duş aldıktan sonra anaokuluna gitmek istiyor.

- Bulduğunuz sonucu çözüm anahtarıyla karşılaştırın (sayfa 237).

## 3 Anne ve çocuk tam olarak ne diyor?

- Almanca olan cümleleri ve çevirileri arasında çizgi çekin.

| | | | |
|---|---|---|---|
| A | Ich möchte ein Brot mit Butter und Schinken. | 1. | Şişeyi açabiliyor musun yoksa yardıma ihtiyacın var mı? |
| B | Setz dich auf deinen Platz. | 2. | Çay mı yoksa bir bardak süt mü? |
| C | Wir frühstücken gleich. | 3. | Tereyağlı ve jambonlu ekmek istiyorum. |
| D | Welches Getränk möchtest du? | 4. | Yerine otur. |
| E | Tee oder ein Glas Milch? | 5. | Meyve suyu tercih ederim. |
| F | Ich möchte lieber Saft. | 6. | Hayır tek başıma yapabilirim. |
| G | Kannst du die Flasche öffnen oder brauchst du Hilfe? | 7. | Ne içmek istersin? |
| H | Nein, das kann ich allein. | 8. | Birazdan kahvaltı yapacağız. |
| I | Willst du Salz auf dem Ei? | 9. | Kahvaltına rahat rahat devam edebilirsin. |
| J | Ja, aber ganz wenig. | 10. | O bugün daha geç başlıyor. |
| K | Wohin gehst du? | 11. | Yumurtanın üstüne tuz ister misin? |
| L | Ich will duschen und meine Haare waschen. | 12. | Şimdi anaokuluna gitmek istiyorum. |
| M | Iss ruhig dein Frühstück weiter. | 13. | Acelemiz yok. |
| N | Ich will jetzt in den Kindergarten. | 14. | Duş alıp, saçlarımı yıkamak istiyorum. |
| O | Der beginnt heute später. | 15. | Evet, ama çok az. |
| P | Wir haben es nicht eilig. | 16. | Nereye gidiyorsun? |

- Bulduğunuz sonucu çözüm anahtarıyla karşılaştırın (sayfa 237).

CD 4
Track
20

## 4 CD'yi birkaç defa daha dinleyin.

## 5 Eksik olan kelimeleri boşluklara yazınız.

- Eksik olan kelimeyi kutudan seçiniz ve uygun olan yere yazınız.

**Glas frühstücken Wohin Hilfe wenig Kindergarten allein Salz später Getränk eilig Saft Haare Butter Platz**

**A**

Ich möchte ein Brot mit .......................... und Schinken.

Setz dich auf deinen .......................... . Wir .......................... gleich.

**B**

Welches .......................... möchtest du? Tee oder ein .......................... Milch?

Ich möchte lieber .......................... .

**C**

Kannst du die Flasche öffnen oder brauchst du .......................... ?

Nein, das kann ich .......................... .

**D**

Willst du .......................... auf dem Ei?

Ja, aber ganz .......................... .

**E**

.......................... gehst du?

Ich will duschen und meine .......................... waschen. Iss ruhig dein Frühstück weiter.

**F**

Ich will jetzt in den .......................... .

Der beginnt heute .......................... . Wir haben es nicht .......................... .

- Bulduğunuz sonucu çözüm anahtarıyla karşılaştırın (sayfa 237).

CD 4
Track
21

## 6 Dinleyin ve tekrar edin

- Hikâyeyi tekrar cümle cümle dinleyin ve her cümleyi yüksek sesle tekrar edin.
- Telaffuzunuzdan emin olana kadar alıştırmayı tekrar edin.

## 7 Birkaç yeni kelime

CD 4
Track
22 – 23

- Resimlere bakın ve kelimeleri CD'den dinleyin.
- Kelimeleri tekrar edin.

die Sahne
krem şanti

der Kuchen
kek

der Reis
pilav

das Obst
meyve

## 8 "Kahvaltıda ne yediniz?"

- İnsanların ne yediğini okuyun.

Ich habe Milchreis mit Obst gegessen und einen Tee getrunken.

Ich habe ein Brötchen mit Schinken gegessen und Apfelsaft getrunken.

Ich habe Kuchen gegessen und ein Glas Milch getrunken.

- Hangisi doğru? İşaretleyin. ☒

a. Alle Frauen haben zum Frühstück ein Getränk gehabt. ☐
b. Nur eine Frau hat Milch getrunken. ☐
c. Zwei Frauen haben Obst gegessen. ☐
d. Alle Frauen haben Brötchen gegessen. ☐

- Bulduğunuz sonucu çözüm anahtarıyla karşılaştırın (sayfa 237).

## 9 Kadın ne diyor?

CD 4
Track
24

- Sohbeti CD'den dinleyin. Hangisi doğru? ☒

a. Sie trinkt ihren Kaffee ohne Milch. ☐
b. Sie mag viel Milch im Kaffee. ☐
c. Sie möchte nur ein Glas Milch, aber keinen Kaffee. ☐
d. Sie isst ihr Brötchen gern mit viel Butter. ☐
e. Sie mag nur wenig Butter auf ihrem Brötchen. ☐
f. Sie isst gern viel Obst zum Frühstück. ☐
g. Sie mag nur Bananen. ☐

- Bulduğunuz sonucu çözüm anahtarıyla karşılaştırın (sayfa 237).

## 10 Özet

### a. Faydalı ifadeler

• Her ifadeyi çevirisi ile beraber bir fiş kartonuna yazın.

| | |
|---|---|
| Setz dich auf deinen Platz. | Yerine otur. |
| Welches Getränk möchtest du? | Ne içmek istersin? |
| Brauchst du Hilfe? | Yardıma ihtiyacın var mı? |
| Das kann ich allein. | Tek başıma yapabilirim. |
| Wohin gehst du? | Nereye gidiyorsun? |
| Iss ruhig weiter. | Rahat rahat yemeğe devam et. |
| Der Kindergarten beginnt heute später. | Anaokulu bugün daha geç başlıyor. |
| Wir haben es nicht eilig. | Acelemiz yok. |
| Sie mag nur Bananen. | Sadece muz seviyor. |
| Sie mag nur wenig Butter. | Sadece az tereyağlı seviyor. |
| Ich habe Obst gegessen. | Meyve yedim. |
| Er hat Milch getrunken. | Süt içti. |

| | |
|---|---|
| das Brot, die Brote | ekmek |
| die Butter | tereyağ |
| das Ei, die Eier | yumurta |
| die Flasche, die Flaschen | şişe |
| das Getränk, die Getränke | içecek |
| das Glas, die Gläser | bardak |
| das Haar, die Haare | saç |
| der Kindergarten, die Kindergärten | anaokulu |
| der Kuchen, die Kuchen | kek |
| die Milch | süt |
| der Milchreis | sütlaç |
| das Obst | meyve |
| der Platz, die Plätze | yer |
| der Reis | pilav |
| der Saft, die Säfte | meyve suyu |
| die Sahne | krem şanti |
| das Salz | tuz |
| der Schinken | jambon |
| der Tee | çay |

| | |
|---|---|
| beginnen | başlamak |
| duschen | duş almak |
| frühstücken | kahvaltı yapmak |
| öffnen | açmak |
| waschen | yıkamak |

### b. Kültür ve günlük yaşam: kahvaltı

Kahvaltıda yetişkinler genelde kahve veya çay içer. Genelde tereyağ, peynir veya salamlı ekmek veya küçük ekmek yenir. Zengin bir kahvaltıda pişmiş yumurta da gerekir. Meyve suları ve meyve de yaygındır.

# Wie findest du das Bild?

## Resmi nasıl buluyorsun?

### Bu bölümde öğrenecekleriniz:

- Grupla yapılan seyahat planı hakkında nasıl konuşulur?
- Kamu anonsları nasıl anlaşılır?
- Gezi için yapılmış bir afiş nasıl okunur?

### Faydalı kelimeler

- Alttaki resimler bir sonraki sayfadaki hikâyeyi anlamınıza yardımcı olacaktır.

die Blume
çiçek

das Foto
fotoğraf

die Gruppe
grup

die Treppe
merdiven

der Dom
kilise

die Durchsage
anons

CD 4
Track
25 – 26

- Bu kelimelerin telaffuzunu CD'den dinleyin ve tekrar edin.

## 1 "Resmi nasıl buluyorsun?"

- Resimli hikâyeye bakınız ve kişilerin ne söylebileceklerini düşünün.

CD 4
Track
27

## 2 Hikâyede ne oluyor?

- Hikâyeyi birkaç defa dinleyin ve sessizce okuyarak takip edin.
- Hangi özet doğrudur: A mı, B mi? ☒

**A** ☐ Evli bir çift bir seyahat grubuyla müzede. İkisi program hakkında sohbet ediyor.

**B** ☐ Evli bir çift tarihi merkez turuna katılıyor. Ertesi gün programda bir müze ziyareti var.

- Bulduğunuz sonucu çözüm anahtarıyla karşılaştırın (sayfa 237).

## 3 Hikâyede tam olarak ne deniyor?

- Almanca olan cümleleri ve çevirileri arasında çizgi çekin.

| | | | |
|---|---|---|---|
| A | Wie findest du das Bild? | 1. | Buna izin verilmiyor. Yukarda bir levha var. |
| B | Das Mädchen mit der Blume? Schön! | 2. | Yavaş, ara vermem lazım. |
| C | Ich glaube, das Bild ist sehr bekannt. | 3. | Tabloyu nasıl buldun? |
| D | Mach doch mal ein Foto. | 4. | Sonra hemen dom kilisesini ziyaret edeceğiz. |
| E | Das ist nicht erlaubt. Da oben ist ein Schild. | 5. | Çiçekli kız? Güzel. |
| F | Komm, wir müssen zurück zur Gruppe. | 6. | Gel, grubumuza geri dönmeliyiz. |
| G | Langsam, ich brauche eine Pause. | 7. | Sanırım bu tablo çok tanınmış. |
| H | Wir besuchen ja gleich noch den Dom. | 8. | Fotoğraf çeksene. |

| | | | |
|---|---|---|---|
| I | Wann ist die Führung durch die Altstadt? Sieh mal auf den Plan. | 9. | Müze 10 dakika sonra kapanıyor. |
| J | Morgen. Sie fängt um 9 an und dauert bis 12. | 10. | Tanıdıklarımız geliyor. |
| K | Danach ist Freizeit. | 11. | Sonra boş zaman başlıyor. |
| L | Du musst aber jetzt aufstehen. | 12. | Tarihi merkez turu ne zaman? Plana bakabilir misin? |
| M | Da kommen unsere Bekannten. | 13. | Dikkat, bir anons! |
| N | Sie wollen uns abholen. | 14. | Merdivene gitmemiz lazım. Çıkış aşağıda. |
| O | Achtung, eine Durchsage! | 15. | Yarın. Saat 9'da başlıyor ve 12'ye kadar sürüyor. |
| P | Das Museum schließt in 10 Minuten. | 16. | Artık kalkmalısın. |
| Q | Dorthin, meine Damen und Herren. | 17. | Bizi almak istiyorlar. |
| R | Wir müssen zur Treppe. Der Ausgang ist unten. | 18. | Bayan ve baylar, buradan lütfen. |

- Bulduğunuz sonucu çözüm anahtarıyla karşılaştırın (sayfa 237).

## 4 CD'yi birkaç kez daha dinleyin.

CD 4
Track
27

## 5 Eksik olan kelimeleri boşluklara yazınız.

- Eksik olan kelimeyi kutudan seçiniz ve uygun olan yere yazınız.

**bekannt besuchen Führung aufstehen Damen abholen Gruppe Bild Schild Ausgang Freizeit erlaubt Plan Langsam Blume**

**A**

Wie findest du das ..................................?

Das Mädchen mit der ..........................? Schön!

**B**

Ich glaube, das Bild ist sehr ...................... Mach doch mal ein Foto.

Das ist nicht ................................. Da oben ist ein ..................................

**C**

Komm, wir müssen zurück zur ..........................

.................................., ich brauche eine Pause. Wir ................................ ja gleich noch den Dom.

**D**

Ist die ................................ durch die Altstadt morgen? Sieh mal auf den ................................

Ja. Sie fängt um 9 an und dauert bis 12. Danach ist .........................................

**E**

Du musst aber jetzt .......................... Da kommen unsere Bekannten. Sie wollen uns ................................

**F**

Achtung, eine Durchsage! Das Museum schließt in 10 Minuten.

Dorthin, meine ............................ und Herren. Wir müssen zur Treppe. Der ............................... ist unten.

- Bulduğunuz sonucu çözüm anahtarıyla karşılaştırın (sayfa 237).

## 6 Dinleyin ve tekrar edin.

CD 4
Track
28

- Hikâyeyi tekrar cümle cümle dinleyin ve her cümleyi yüksek sesle tekrar edin.
- Telaffuzunuzdan emin olana kadar alıştırmayı tekrar edin.

## 7 Neuschwanstein Şatosu'na gezi.

- Hotel Post'un afişini Almanca ve Türkçe olarak okuyun.

| Ausflüge zu Sehenswürdigkeiten: Schloss Neuschwanstein | Turistik yerlere geziler: Neuschwanstein Şatosu |
|---|---|
| **Datum:** 8. März 2011 | **Tarih:** 8 Mart 2011 |
| **Abfahrt:** 7 Uhr | **Kalkış:** Saat 7 |
| **Eintritt:** Erwachsene 12 Euro<br>Kinder und Jugendliche bis 16: frei | **Giriş ücreti:** Yetişkinler: 12 Euro<br>Çocuklar ve gençler (16 yaşına kadar): ücretsiz |
| **Ankunft im Hotel:** 19 Uhr | **Otele varış:** Saat 19 |
| **Anmeldung:** An der Rezeption | **Kayıt:** resepsiyonda |
| **Auskunft:** Bei Frau Harms | **Danışma:** Bayan Harms |

HOTEL POST

## 8 Yeni kelimeler

CD 4 Track 29 – 30

- Yeni kelimeleri CD'den dinleyin ve tekrar edin.

der Ausflug die Sehenswürdigkeit das Datum die Abfahrt
der Eintritt der Erwachsene der Jugendliche die Ankunft
die Anmeldung die Rezeption die Auskunft

## 9 Hangisi doğru?

- Gezi afişini tekrar okuyun. Hangisi doğru? ☒

a. Der Ausflug nach Schloss Neuschwanstein ist am 8. März. ☐
b. Abfahrt ist um 10 Uhr. ☐
c. Der Eintritt kostet für Erwachsene 8 Euro. ☐
d. Die Ankunft nach dem Ausflug ist um 19 Uhr. ☐
e. Anmeldung ist an der Rezeption vom Hotel Post. ☐
f. Auskunft bekommt man bei Frau Hiller. ☐

- Bulduğunuz sonucu çözüm anahtarıyla karşılaştırın (sayfa 237).

## 10 Özet

### a. Faydalı ifadeler

- Her ifadeyi çevirisi ile beraber bir fiş kartonuna yazın.

| | |
|---|---|
| Das Bild ist sehr bekannt. | Bu resim çok tanıdık. |
| Mach doch mal ein Foto. | Fotoğraf çeksene. |
| Das ist nicht erlaubt. | İzin vermiyorlar. |
| Die Führung fängt um 9 Uhr an. | Rehberli tur saat 9'da başlıyor. |
| Du musst aufstehen. | Kalkman lazım. |
| Wir müssen zurück zur Gruppe. | Gruba geri dönmemiz lazım. |

| | |
|---|---|
| die Abfahrt | kalkış |
| Achtung! | dikkat! |
| die Ankunft | varış |
| die Anmeldung | kayıt |
| der Ausflug, die Ausflüge | gezi |
| der Ausgang, die Ausgänge | çıkış |
| die Auskunft | danışma |
| der / die Bekannte, die Bekannten | tanıdık |
| das Bild, die Bilder | resim, tablo |
| die Blume, die Blumen | çiçek |
| die Dame, die Damen | bayan |
| das Datum | tarih |
| die Durchsage, die Durchsagen | anons |
| der Eintritt | giriş |
| der / die Erwachsene, die Erwachsenen | yetişkin |
| das Foto, die Fotos | fotoğraf |
| die Freizeit | boş zaman |
| die Führung | rehberli tur |
| die Gruppe, die Gruppen | grup |
| der / die Jugendliche, die Jugendlichen | gençler, genç |
| das Mädchen, die Mädchen | kız |
| das Museum, die Museen | müze |
| die Pause, die Pausen | ara |
| der Plan, die Pläne | plan |
| die Rezeption | resepsiyon |
| das Schild, die Schilder | levha |
| die Sehenswürdigkeit, die Sehenswürdigkeiten | turistik yer |
| die Treppe, die Treppen | merdiven |

| | |
|---|---|
| abholen | teslim almak |
| anfangen | başlamak |
| aufstehen | ayağa kalkmak |
| besuchen | ziyaret etmek |
| schließen | kapatmak |
| bis | -e kadar |
| danach | -den sonra |
| dorthin | oraya |
| durch | içinden, arasından |
| langsam | yavaşça |
| oben | yukarda |
| unten | aşağıda |

### b. Kültür ve günlük yaşam: Turizm

Özellikle yaz aylarında dünyanın her tarafından turistler ve seyahat grupları Almanca konuşulan ülkeleri ziyaret eder. Tarihi yapılar (şatolar ve kaleler) ve tarihi merkezleri olan şehirler özellikle tercih ediliyor.

Kapitel **23**

# Was war das?

## Bu neydi?

### Bu bölümde öğrenecekleriniz:

- Geçmişteki olaylar hakkında nasıl konuşulur?
- Tahminler nasıl ifade edilir?
- Bir öneri nasıl yapılır?

### Faydalı kelimeler

- Alttaki resimler bir sonraki sayfadaki hikâyeyi anlamanıza yardımcı olacaktır.

die Welt
dünya

die Autobahn
otoban

der Gast
misafir

der Hund
köpek

das Dorf
köy

die Polizei
polis

CD 4
Track
31 – 32

- Bu kelimelerin telaffuzunu CD'den dinleyin ve tekrar edin.

## 1 "Bu neydi?"

- Resimli hikâyeye bakın ve içinde neler olabildiğini hayâl etmeye çalışın.

A

B

C

D

E

F

## 2 Hikâyede ne oluyor?

CD 4 Track 33

- Hikâyeyi birkaç defa dinleyin ve sessizce okuyarak takip edin.
- Hangi özet doğrudur: A mı, B mi? ☒

**A** ☐ Evli bir çift köpeğini kaybettiği için polise gidiyor. Şanslarına köpeği polise gitmeden önce bir köyde buluyorlar.

**B** ☐ Evli bir çift arabayla bir davete doğru gidiyor. Giderken az kalsın küçük bir köpeğe çarpacaklardı, fakat şans eseri bir şey olmadı.

- Bulduğunuz sonucu çözüm anahtarıyla karşılaştırın (sayfa 237).

## 3 Kişiler tam olarak ne diyorlar

- Almanca olan cümleleri ve çevirileri arasında çizgi çekin.

A Hier war ich noch nie im Leben.
B Ich glaube, wir sind am Ende der Welt.
C Vielleicht sind wir zu früh von der Autobahn abgefahren.
D Jetzt kommen wir zu spät zur Party.
E Die anderen Gäste sind bestimmt schon da.
F Was war das?
G Da war ein Hund auf der Straße.
H Ich steige mal aus.

1. Belki otobandan erken çıktık.
2. Bu neydi?
3. Ben iniyorum.
4. Hayatım boyunca buraya gelmemiştim.
5. Orada caddede bir köpek vardı.
6. Diğer misafirler gelmiştir kesin.
7. Sanırım dünyanın sonuna geldik.
8. Şimdi partiye geç kalacagız.

---

I Ist er tot?
J Nein, er lebt, alles in Ordnung!
K Er hatte Glück.
L Sieh mal, er will ins Auto einsteigen.
M Ja, der ist noch ganz jung und will nicht allein bleiben.
N Wollen wir ihn schnell ins nächste Dorf bringen?
O Da können wir ihn bei der Polizei abgeben.
P Gute Idee!

9. Baksana, arabaya binmek istiyor.
10. Orada onu polise teslim edebiliriz.
11. Onu hızlıca bir sonraki köye götürebiliriz?
12. Ölmüş mü?
13. Şanslıydı.
14. İyi fikir!
15. Evet, daha çok genç ve tek başına kalmak istemiyor.
16. Hayır, hayatta. Herşey yolunda!

- Bulduğunuz sonucu çözüm anahtarıyla karşılaştırın (sayfa 237).

CD 4
Track
33

## 4 CD'yi birkaç kez daha dinleyin.

## 5 Eksik olan kelimeleri boşluklara yazınız.

- Eksik olan kelimeyi kutudan seçiniz ve uygun olan yere yazınız.

**Dorf   Welt   Hund   tot   Gäste   einsteigen**
**Autobahn   abgeben   Glück   nie**

**A**

Hier war ich noch .......................... im Leben. Ich glaube, wir sind am Ende der ..........................

Vielleicht sind wir zu früh von der .......................... abgefahren.

**B**

Jetzt kommen wir zu spät zur Party. Die anderen .......................... sind bestimmt schon da.

**C**

Was war das?

Da war ein .......................... auf der Straße. Ich steige mal aus.

**D**

Ist er ..........................?

Nein, er lebt, alles in Ordnung! Er hatte ..........................

**E**

Sieh mal, er will ins Auto ..........................

Ja, der ist noch ganz jung und will nicht allein bleiben.

**F**

Wollen wir ihn schnell ins nächste .......................... bringen? Da können wir ihn bei der Polizei ..........................

Gute Idee!

- Bulduğunuz sonucu çözüm anahtarıyla karşılaştırın (sayfa 237).

CD 4
Track
34

## 6 Dinleyin ve tekrar edin.

- Hikâyeyi tekrar cümle cümle dinleyin ve her cümleyi yüksek sesle tekrar edin.
- Telaffuzunuzdan emin olana kadar alıştırmayı tekrar edin.

## 7 Yeni kelimeler

CD 4
Track
35 – 36

- CD'deki kelimeleri dinleyin ve tekrar edin.

die Disco
disko

die Hochzeit
düğün

die Firma
şirket

der Kiosk
kiosk, büfe

## 8 Kişiler dün neler yaşadı?

CD 4
Track
37 – 39

- Önce A kişisinin cümlelerini okuyun ve sonra CD'den sohbeti dinleyin.
- Hangisi doğru? İki cümle işaretleyin. ☒
- B ve C kişisiyle ilgili alıştırmada aynı yolu izleyin.

**A**

1. Er war in der Firma und hat gearbeitet. ☐
2. Er war zu Hause an seinem Computer. ☐
3. Er war bis 2 Uhr morgens in der Disco. ☐
4. Er war auf einer Party bei Freunden. ☐

**B**

1. Sie war in Berlin auf einer Hochzeit. ☐
2. Sie war in einem Dorf bei Hamburg. ☐
3. Ihr Bruder hat geheiratet. ☐
4. Auf der Hochzeit waren 100 Gäste. ☐

**C**

1. Sie hatte abends Gäste. ☐
2. Sie war abends allein zu Hause. ☐
3. Sie hat am Kiosk Getränke gekauft. ☐
4. Der Kiosk hatte keine Getränke. ☐

- Bulduğunuz sonucu çözüm anahtarıyla karşılaştırın (sayfa 237).

## 9 Özet

### a. Faydalı ifadeler

- Her ifadeyi çevirisi ile beraber bir fiş kartonuna yazın.

| | |
|---|---|
| Hier war ich noch nie. | Buraya daha önce hiç gelmemiştim. |
| Was war das? | O neydi? |
| Er hatte Glück. | Şanslıydı. |
| Er war in der Firma. | Şirketteydi. |
| Er hat gearbeitet. | Çalıştı. |
| Ihr Bruder hat geheiratet. | Erkek kardeşi evlendi |

| | | | |
|---|---|---|---|
| die Autobahn, die Autobahnen | otoban | abfahren | harekete geçmek, kalkmak |
| die Disco, die Discos | disko | abgeben | vermek, teslim etmek |
| das Dorf, die Dörfer | köy | aussteigen | inmek |
| die Firma, die Firmen | şirket | einsteigen | binmek |
| der Gast, die Gäste | misafir | heiraten | evlenmek |
| das Glück | şans | leben | yaşamak |
| die Hochzeit, die Hochzeiten | düğün | abends | akşam |
| | | früh | erken |
| der Hund, die Hunde | köpek | jung | genç |
| der Kiosk, die Kioske | Kiosk, büfe | morgens | sabahları |
| das Leben | hayat | nie | hiçbir zaman |
| die Polizei | polis | tot | ölmüş |
| die Welt | dünya | | |

### b. Kültür ve günlük yaşam: Polis

Polis sadece suçlar, kamu güvenliği ve trafik kazalarından sorumlu. Aynı zamanda günlük zor durumlarda da muhattap oluyor. Bulunan ev hayvanları bile polis tarafından barınaklara verilir. 'Polis, arkadaşın ve yardımcın', bu halk arasında deyime dönüşen eski bir slogan. Karakollar sadece şehirlerde değil, aynı zamanda her küçük yerleşimlerde de vardır.

# Kapitel 24

## Hast du alle Papiere?
Bütün evraklar yanında mı?

### Bu bölümde öğrenecekleriniz:
- Bir uçak seyahatinde neler hakkında konuşulur?
- Gümrükte ne söylenebilir?
- Formlar nasıl doldurulur?

### Faydalı kelimeler
- Alttaki resimler bir sonraki sayfadaki hikâyeyi anlamınza yardımcı olacaktır.

das Flugzeug
uçak

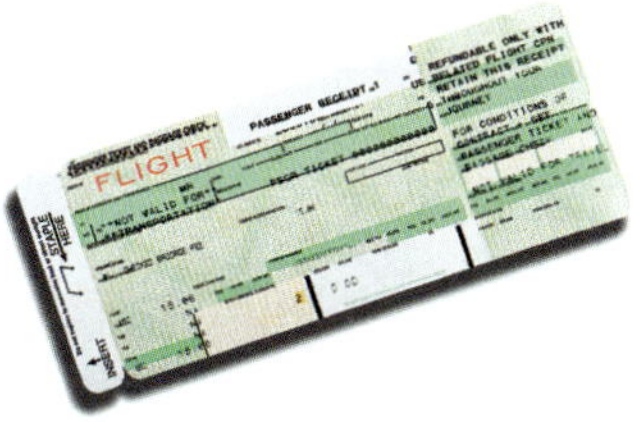


das Ticket
bilet

der Pass
pasaport

der Zoll
gümrük

die Zigarette
sigara

der Wein
şarap

CD 4
Track
40 – 41

- Bu kelimelerin telaffuzunu CD'den dinleyin ve tekrar edin.

## 1 "Bütün evraklar yanında mı?"

• Resimli hikâyeye bakın ve kişilerin ne söyleyebileceklerini düşünün.

## 2 Hikâyede ne oluyor?

CD 4 Track 42

- Hikâyeyi birkaç defa dinleyin ve sessizce okuyarak takip edin.
- Hangi özet doğrudur: A mı, B mi? ☒

**A** ☐ Evli bir çift havalimanından akrabalarını alıyor. Onlar geç geliyor, çünkü gümrükçüler yanlarında sigara buluyor.

**B** ☐ Karı koca uçakla akrabaların yanlarına gidiyor. Varışta bütün aile tarafından karşılanıyorlar.

- Bulduğunuz sonucu çözüm anahtarıyla karşılaştırın (sayfa 237).

## 3 Kişiler tam olarak ne diyorlar

- Almanca olan cümleleri ve çevirileri arasında çizgi çekin.

| | | | |
|---|---|---|---|
| A | Hier ist die Ankunft. Da sind wir falsch. | 1. | Uçağımız 20 dakika sonra kalkıyor. |
| B | Der Abflug ist geradeaus. | 2. | Oo, bütün yerler dolu mu? |
| C | Komm, das ist nicht weit. | 3. | Evet, pasaportlar ve biletler burada. |
| D | Unser Flugzeug fliegt in 20 Minuten ab. | 4. | Hayır, yerlerimiz burada girişte. |
| E | Hast du alle Papiere? | 5. | Burası geliş. Yanlış yere geldik. |
| F | Ja, hier sind die Pässe und da die Tickets. | 6. | Düz ilerde. |
| G | Oh, ist alles schon besetzt? | 7. | Gel, uzak değil. |
| H | Nein, unsere Plätze sind hier am Eingang. | 8. | Bütün evraklar yanında mı? |

| | | | |
|---|---|---|---|
| I | Der dritte Koffer gehört uns. | 9. | Bagajda sigara var mı? |
| J | Dann hat jeder sein Gepäck. | 10. | Bütün aile burada! |
| K | Komm, wir müssen noch durch den Zoll. | 11. | Sadece iki şişe şarap var yanımızda. |
| L | Haben Sie Zigaretten im Gepäck? | 12. | Üçüncü bavul bizim. |
| M | Nein, wir rauchen nicht. | 13. | Hoşgeldiniz! |
| N | Wir haben nur zwei Flaschen Wein dabei. | 14. | O zaman herkes bagajını aldı. |
| O | Da sind unsere Verwandten. | 15. | Büyükanne ve büyübaba da geldi! |
| P | Oma und Opa sind auch gekommen! | 16. | Gel, gümrükten geçmemiz lazım. |
| Q | Die ganze Familie ist da! | 17. | Hayır, sigara kullanmıyoruz. |
| R | Herzlich willkommen! | 18. | Akrabalarımız orada. |

- Bulduğunuz sonucu çözüm anahtarıyla karşılaştırın (sayfa 237).

## 4 CD'yi birkaç kez daha dinleyin.

CD 4
Track
42

## 5 Eksik olan kelimeleri boşluklara yazınız.

- Eksik olan kelimeyi kutudan seçiniz ve uygun olan yere yazınız.

**Eingang Flugzeug rauchen Opa**
**besetzt willkommen Zoll Pässe**
**dritte Zigaretten falsch Abflug**

**A**

Hier ist die Ankunft. Da sind wir ..............................

Der .............................. ist geradeaus. Komm, das ist nicht weit.

**B**

Unser .............................. fliegt in 20 Minuten ab. Hast du alle Papiere?

Ja, hier sind die .............................. und da die Tickets.

**C**

Oh, ist alles schon ..............................?

Nein, unsere Plätze sind hier am ..............................

**D**

Der .............................. Koffer gehört uns.

Dann hat jeder sein Gepäck. Komm, wir müssen noch durch den ..................

**E**

Haben Sie .............................. im Gepäck?

Nein, wir .............................. nicht. Wir haben nur zwei Flaschen Wein dabei.

**F**

Da sind unsere Verwandten. Oma und .................. sind auch gekommen! Die ganze Familie ist da!

Herzlich ..............................!

- Bulduğunuz sonucu çözüm anahtarıyla karşılaştırın (sayfa 237).

## 6 Dinleyin ve tekrar edin.

CD 4
Track
43

- Telaffuzunuzdan emin olana kadar alıştırmayı tekrar edin.

CD 4
Track
44 – 45

## 7 Kimlik ve seyahat evrakları

- Burada kimlik ve seyahat evrakları için gerekli olan en önemli bilgileri bulacaksınız.
- Bilgileri önce Almanca sonra Türkçe olarak okuyun.
- Şimdi kelimeleri CD'den dinleyin ve tekrar edin.
- Sonra formu kendi bilgilerinizle doldurun.

**Name:** ____________________
*Soyisim*

**Vorname:** ____________________
*İsim*

☐ **männlich**
*erkek*

☐ **weiblich**
*kadın*

**Geburtsort:** ____________________
*Doğum yeri*

**Land:** ____________________
*Ülke*

**Geburtsdatum:** ____________________
*Doğum tarihi*

**Familienstand:** ☐ **verheiratet** *evli* ☐ **ledig** *bekar*
*Medeni durum*

**Ehemann:** ____________________
*Eş (erkek)*

**Ehefrau:** ____________________
*Eş (kadın)*

**Pass Nummer:** ____________________
*Pasaport numarası*

**gültig bis** 31. 12. 2020
*...'e kadar geçerli*

- Çözüm anahtarında sayfa 242'da bir örnek göreceksiniz.

## 8 Özet

### a. Faydalı ifadeler

- Her ifadeyi çevirisi ile beraber bir fiş kartonuna yazın.

| | |
|---|---|
| Da sind wir falsch. | Burada yanlışız. |
| Das ist nicht weit. | Uzak değil. |
| Unser Flugzeug fliegt ab. | Uçağımız kalkıyor. |
| Der dritte Koffer gehört uns. | Üçüncü bavul bize ait. |
| Oma und Opa sind auch gekommen. | Büyükanne ve büyükbaba da geldi. |
| Herzlich willkommen! | Hoşgeldiniz! |

| | |
|---|---|
| der Abflug | kalkış |
| die Ehefrau, die Ehefrauen | eş (kadın) |
| der Ehemann, die Ehemänner | eş (erkek) |
| der Eingang, die Eingänge | giriş |
| die Familie, die Familien | aile |
| der Familienstand | medeni durum |
| das Flugzeug, die Flugzeuge | uçak |
| das Geburtsdatum | doğum tarihi |
| der Geburtsort | doğum yeri |
| das Land, die Länder | ülke |
| Oma | büyükanne |
| Opa | büyükbaba |
| die Papiere | evraklar |
| der Pass, die Pässe | pasaport |
| das Ticket, die Tickets | bilet |
| der / die Verwandte, die Verwandten | akrabalar |
| der Wein | şarap |
| die Zigarette, die Zigaretten | sigara |
| der Zoll | gümrük |

| | |
|---|---|
| abfliegen | kalkmak |
| gehören | ait olmak |
| rauchen | sigara içmek |
| besetzt | dolu |
| geradeaus | düz ileride |
| gültig | geçerli |
| dabei haben | yanında bulundurmak |
| jeder | herkes |
| ledig | bekar |
| männlich | eril |
| verheiratet | evli |
| weiblich | dişi |

### b. Kültür ve günlük yaşam: seyahat etmek

AB ülkeleri içerisinde seyahat etmek için AB vatandaşları için geçerli bir kimlik yeterlidir. Başka ülkelerin vatandaşlarına pasaport veya ayrıca vize de gerekli. AB ülkerleri arasında havalimanlarında ve sınırlda gümrük kontrolleri vardır.

# Bitte wiederholen Sie die Wörter.
## Lütfen kelimeleri tekrar edin.

**Bu bölümde öğrenecekleriniz:**

- Sınav için size gerekli olacak özel kelimeler.
- Bir sınava hazırlamanın ipuçları nasıl verilir ve anlaşılır?

**Faydalı kelimeler**

- Alttaki resimler bir sonraki sayfadaki hikâyeyi anlamınza yardımcı olacaktır.

der Baum
ağaç

die Briefmarke
pul

das Haus
ev

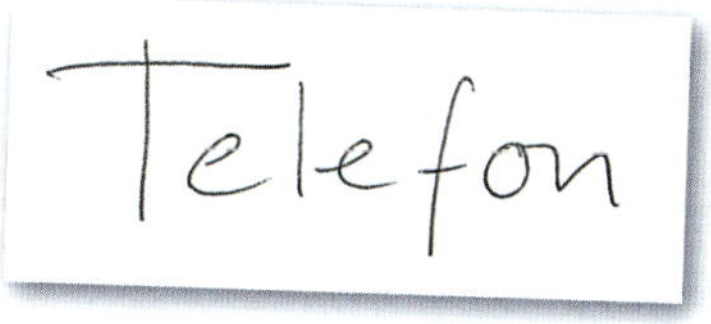


das Wort
kelime

der Text
metin

ankreuzen
işaretlemek

CD 4 Track 46 – 47

- Bu kelimelerin telaffuzunu CD'den dinleyin ve tekrar edin.

## 1 "Lütfen kelimeleri tekrar edin."

- Resimli hikâyeye bakın ve kişilerin ne söyleyebileceklerini düşünün.

CD 4
Track
48

## 2 Hikâyede ne oluyor?

- Hikâyeyi birkaç defa dinleyin ve sessizce okuyarak takip edin.
- Hangi özet doğrudur: A mı, B mi? ☒

**A** ☐ Bir Almanca kursuna katılanlar bir sonraki gün yapılacak sınav için alıştırma yapıyorlar.

**B** ☐ Bir Almanca kursunda şu anda çiçekler ve ağaçları konu alan bir sınav yapılıyor.

- Bulduğunuz sonucu çözüm anahtarıyla karşılaştırın (sayfa 237).

## 3 İnsanlar tam olarak ne diyor?

- Almanca olan cümleleri ve çevirileri arasında çizgi çekin.

| | | | |
|---|---|---|---|
| A | Ist das eine Blume? | 1. | Lütfen gülmek yok! |
| B | Die sieht lustig aus. | 2. | Lütfen kelimeleri tekrar edin. |
| C | Bitte nicht lachen! | 3. | O bize alıştırmayı açıklayabilir. |
| D | Das ist keine Blume, das ist ein Baum. | 4. | Bu bir çiçek mi? |
| E | Der Baum – die Briefmarke – das Haus. | 5. | Öğretmenimize soralım. |
| F | Bitte wiederholen Sie die Wörter. | 6. | O komik görünüyor. |
| G | Das verstehe ich nicht. | 7. | Bu bir çiçek değil, bu bir ağaç. |
| H | Ich auch nicht. | 8. | Ağaç – pul – ev. |
| I | Fragen wir mal unsere Lehrerin. | 9. | Bunu anlamıyorum. |
| J | Sie kann uns die Aufgabe erklären. | 10. | Ben de. |

| | | | |
|---|---|---|---|
| K | Sehen Sie, hier am Anfang steht ein Beispiel. | 11. | Evet taşınmak zorunda değiliz. |
| L | Sie müssen zu jeder Frage eine Antwort ankreuzen. | 12. | Bir sohbet için kısaca vaktin var mı? |
| M | Schreiben wir den Test morgen in diesem Raum? | 13. | Ders her zamanki gibi bitecek. |
| N | Ja, wir müssen nicht umziehen. | 14. | Bakınız, burada başta bir örnek bulunuyor. |
| O | Der Unterricht endet auch wie immer. | 15. | Lütfen metinlerinizi masama koyun. |
| P | Hast du kurz Zeit für ein Gespräch? | 16. | Sınavı yarın bu odada mı yapacağız? |
| Q | Ja klar. Ich schlage vor, wir hören jetzt auf. | 17. | Her soru için bir cevap işaretlemeniz lazım. |
| R | Bitte legen Sie Ihre Texte auf meinen Tisch. | 18. | Evet tamam. Şimdi bırakmamızı öneriyorum. |

- Bulduğunuz sonucu çözüm anahtarıyla karşılaştırın (sayfa 237).

## 4 CD'yi birkaç kez daha dinleyin.

CD 4 Track 48

## 5 Eksik olan kelimeleri boşluklara yazınız.

- Eksik olan kelimeyi kutudan seçiniz ve uygun olan yere yazınız.

**Beispiel Lehrerin umziehen Aufgabe Gespräch ankreuzen Baum legen Raum lachen Wörter lustig**

**A**

 Ist das eine Blume? Die sieht .......................... aus.

 Bitte nicht ................................! Das ist keine Blume, das ist ein ................................... .

**B**

 Der Baum – die Briefmarke – das Haus. Bitte wiederholen Sie die ............................. .

**C**

 Das verstehe ich nicht.

 Ich auch nicht. Fragen wir mal unsere ................................ . Sie kann uns die .......................... erklären.

**D**

 Sehen Sie, hier am Anfang steht ein ............................ . Sie müssen zu jeder Frage eine Antwort ............................ .

**E**

 Schreiben wir den Test morgen in diesem ..........................?

 Ja, wir müssen nicht ............................ . Der Unterricht endet auch wie immer.

**F**

 Hast du kurz Zeit für ein .......................?

 Ja klar. Ich schlage vor, wir hören jetzt auf. Bitte ........................ Sie Ihre Texte auf meinen Tisch.

- Bulduğunuz sonucu çözüm anahtarıyla karşılaştırın (sayfa 237).

## 6 Dinleyin ve tekrar edin.

CD 4 Track 49

- Telaffuzunuzdan emin olana kadar alıştırmayı tekrar edin.

## 7 Yeni Kelimeler

CD 4
Track
50 – 51

- CD'deki kelimeleri dinleyin ve tekrar edin.

| | | | |
|---|---|---|---|
| die Sprache | der Tipp | der Sport | englisch |
| dil | ipucu | spor | İngilizce |

## 8 İki e-posta

CD 4
Track
52

- Önce iki metni okuyun.
- Sonra onları art arda CD'den dinleyin.

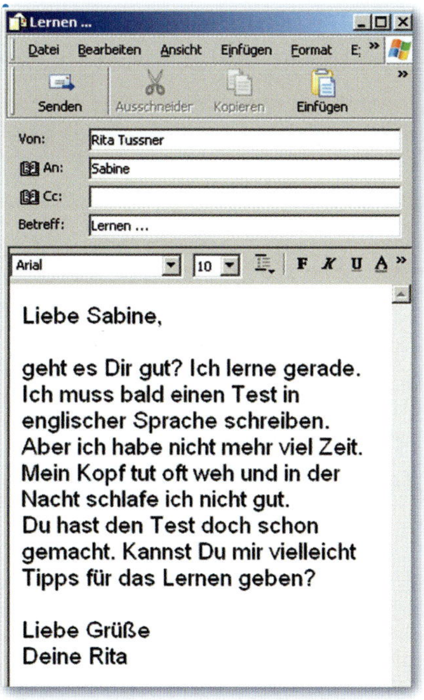
Von: Rita Tussner
An: Sabine
Cc:
Betreff: Lernen ...

Liebe Sabine,

geht es Dir gut? Ich lerne gerade. Ich muss bald einen Test in englischer Sprache schreiben. Aber ich habe nicht mehr viel Zeit. Mein Kopf tut oft weh und in der Nacht schlafe ich nicht gut. Du hast den Test doch schon gemacht. Kannst Du mir vielleicht Tipps für das Lernen geben?

Liebe Grüße
Deine Rita

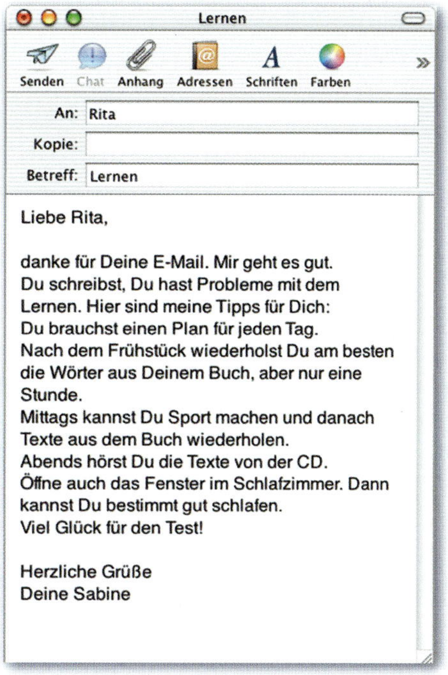
An: Rita
Kopie:
Betreff: Lernen

Liebe Rita,

danke für Deine E-Mail. Mir geht es gut.
Du schreibst, Du hast Probleme mit dem Lernen. Hier sind meine Tipps für Dich:
Du brauchst einen Plan für jeden Tag.
Nach dem Frühstück wiederholst Du am besten die Wörter aus Deinem Buch, aber nur eine Stunde.
Mittags kannst Du Sport machen und danach Texte aus dem Buch wiederholen.
Abends hörst Du die Texte von der CD.
Öffne auch das Fenster im Schlafzimmer. Dann kannst Du bestimmt gut schlafen.
Viel Glück für den Test!

Herzliche Grüße
Deine Sabine

- İşaretleyin: Richtig (doğru) veya Falsch (yanlış).

| | | |
|---|---|---|
| a. Rita muss einen Test in deutscher Sprache schreiben. | Richtig | Falsch |
| b. Sabine hat den Test schon gemacht. | Richtig | Falsch |
| c. Rita braucht einen Plan. | Richtig | Falsch |
| d. Rita soll nicht frühstücken. | Richtig | Falsch |
| e. Rita soll die Wörter und Texte aus ihrem Buch wiederholen. | Richtig | Falsch |
| f. Sie soll keine CDs hören. | Richtig | Falsch |
| g. Rita soll abends das Fenster im Schlafzimmer aufmachen. | Richtig | Falsch |

- Bulduğunuz sonucu çözüm anahtarıyla karşılaştırın (sayfa 237).

## 9 Geriye Bakış

### a. Faydalı ifadeler

- Her ifadeyi çevirisi ile beraber bir fiş kartonuna yazın.

| | |
|---|---|
| Das sieht lustig aus. | Komik görünüyor. |
| Am Anfang steht ein Beispiel. | En başta bir örnek var. |
| Sie müssen eine Antwort ankreuzen. | Bir cevap işaretlemeniz lazım. |
| Ich schlage vor, wir hören jetzt auf. | Şimdi bırakmamızı öneriyorum. |

| | |
|---|---|
| der Anfang | başlangıç |
| die Antwort, die Antworten | cevap |
| die Aufgabe, die Aufgaben | görev, alıştırma |
| der Baum, die Bäume | ağaç |
| die Briefmarke, die Briefmarken | pul |
| das Gespräch, die Gespräche | sohbet |
| das Haus, die Häuser | ev |
| die Lehrerin, die Lehrerinnen | öğretmen |
| der Raum, die Räume | oda |
| die Sprache, die Sprachen | dil |
| der Sport | spor |
| der Test, die Tests | sınav |
| der Text, die Texte | metin |
| der Tipp, die Tipps | ipucu |
| der Unterricht | ders |
| das Wort, die Wörter | kelime |

| | |
|---|---|
| ankreuzen | işaretlemek |
| aufhören | bırakmak |
| enden | bitmek |
| erklären | açıklamak |
| fragen | sormak |
| englisch | İngilizce |
| lachen | gülmek |
| legen | koymak |
| umziehen | taşınmak |
| vorschlagen | önermek |
| wiederholen | tekrarlamak |
| lustig | komik |

### b. Kültür ve günlük yaşam: testler ve sınavlar

Test ve sınavlarda önceden sınavın hangi bölümlerden oluştuğunu ve ne beklendiğini öğrenmek lazım. Bu şekilde sınav öncesi neleri çalışmak gerektiğini tam olarak bilirsiniz. Sınav gününde zimde olabilmek için ayrıca hem zihin hem vücut olarak hazırlanmak gerekiyor.

# Rückblick E

## Geriye bakış E

CD 4 Track 53 – 54

### 1 'Kişisel bilgiler' ile ilgili daha fazla kelime.

• Önce CD'den birkaç yeni kelime dinleyin ve sonra tekrar edin.

| | | |
|---|---|---|
| das Alter<br>yaş | der Wohnort<br>oturulan şehir | das Gewicht<br>kilo |
| das Kilogramm<br>kilogram | geboren<br>doğum tarihi | |

• Her ifadeyi çevirisi ile beraber bir karta yazın.

### 2 Bir spor derneğinde kayıt

Bir arkadaşınız sizden bir formun doldurulmasında yardım istiyor.

• Önce anlatımı dinleyin.

Ana Vidal wohnt in Paderborn und ist Studentin. Sie ist 24 Jahre alt. Geboren ist sie in Alicante in Spanien. Ihr Lieblingssport ist Tanzen. Ihr Gewicht ist 66 Kilogramm. Sie hat eine Anmeldung für den Sportverein "Pader 05" geholt und möchte sie jetzt ausfüllen.

• Kayıt formundaki eksik bilgileri doldurun.

**Sportverein Pader 05**

Familienname ..... Vidal .....

Vorname(n) ..........

Straße / Hausnummer ..... Weberstraße 23 .....

PLZ / Wohnort ..... 33098 Paderborn .....

Telefon ..... 05251 – 223645 ..... E-Mail ..... ana354@gmy.es .....

Beruf .......... Gewicht .......... Kilogramm

Alter ..........

männlich ☐ weiblich ☐

Geburtsort / Land .......... / ..........

Sport ..........

Datum ..... 14.03.2012 .....

Unterschrift ..... Ana Vidal .....

• Bulduğunuz sonucu çözüm anahtarıyla karşılaştırın (sayfa 237).

## 3 Bugün hangi gün?

- Tarihin arkasına uygun harfleri yazın.

1. der erste April [B]
2. der zweite Mai ☐
3. der dritte Oktober ☐
4. der vierte Januar ☐
5. der neunte November ☐
6. der achtzehnte September ☐
7. der zwanzigste Juli ☐
8. der einunddreißigste August ☐

- Bulduğunuz sonucu çözüm anahtarıyla karşılaştırın (sayfa 237).

## 4 Sene rakamları

CD 4
Track
55 – 56

- Sene rakamlarının telaffuzunu CD'den dinleyin ve tekrar edin.

1985 1996 2000 2005 2011 2023

## 5 İki kişi hayatlarından bahsediyor.

CD 4
Track
57 – 58

- İfadeleri CD'den dinleyin. İşaretleyin: Richtig veya Falsch

Jan Lehmann

| | | | |
|---|---|---|---|
| a. | Er ist am 21. Januar 1985 in Stuttgart geboren. | Richtig | Falsch |
| b. | Von 1992 bis 2000 hat er die Schule besucht. | Richtig | Falsch |
| c. | Am 13. März 2008 hat er geheiratet. | Richtig | Falsch |
| d. | Seit dem 1. September 2010 arbeitet er bei einer Firma in Ulm. | Richtig | Falsch |

Michaela Müller

| | | | |
|---|---|---|---|
| e. | Am 7. Mai 1987 ist sie in Bremen geboren. | Richtig | Falsch |
| f. | Von 2005 bis 2009 hat sie in Hamburg studiert. | Richtig | Falsch |
| g. | Am 7. Juli 2011 hat sie geheiratet. | Richtig | Falsch |
| h. | Seit dem 1. Februar 2012 hat sie eine Stelle in Hannover. | Richtig | Falsch |

- Bulduğunuz sonucu çözüm anahtarıyla karşılaştırın (sayfa 237).

## 6 Dün ve bugün

- Boşluklara uygun kelimeleri yazın.

**hat sieht ~~ist~~ fährt isst kommen trinkt**

a. Gestern war er in München. Heute ist er in Berlin.
b. Gestern sind Freunde zum Essen gekommen. Heute .................................. Verwandte.
c. Gestern hatte er viel Hunger. Heute .................................. er keinen Hunger.
d. Gestern hat er Wein getrunken. Heute .................................. er Wasser.
e. Gestern ist sie nach Hamburg gefahren. Heute .................................. sie nach Bremen.
f. Gestern hat sie schlecht ausgesehen. Heute .................................. sie besser aus.
g. Gestern hat sie nichts gegessen. Heute .................................. sie Fisch.

- Bulduğunuz sonucu çözüm anahtarıyla karşılaştırın (sayfa 237).

## 7 Farklı bir şekilde söyleyin.

- Aynı anlamı ifade eden cümleler arasında çizgi çekin.

A Die Tasche gehört mir.
B Die Koffer gehören uns.
C Gehört der Hund euch?
D Ich glaube, das Handy gehört dir.
E Die Jacke gehört ihr.
F Die Schuhe gehören ihm.
G Gehört Ihnen das Buch?
H Der Ausweis gehört mir nicht.
I Das Gepäck gehört ihnen nicht.

1. Das sind unsere Koffer.
2. Das ist ihre Jacke.
3. Das sind seine Schuhe.
4. Das ist meine Tasche.
5. Das ist nicht ihr Gepäck.
6. Das ist nicht mein Ausweis.
7. Ist das euer Hund?
8. Ist das Ihr Buch?
9. Ich glaube, das ist dein Handy.

- Bulduğunuz sonucu çözüm anahtarıyla karşılaştırın (sayfa 237).

## 8 'Mekan bilgileri ve seyahat' ile ilgili daha fazla kelime.

CD 4
Track
59 – 60

- Önce CD'den birkaç yeni kelime dinleyin ve sonra tekrar edin.

| | | | | |
|---|---|---|---|---|
| fliegen<br>uçmak | übernachten<br>gecelemek | empfehlen<br>tavsiye etmek | über<br>üstünde | unter<br>altında |

| | | |
|---|---|---|
| das Tourismusbüro<br>turizm ofisi | Sehr geehrte Damen und Herren<br>Sayın bayanlar ve baylar | Mit freundlichen Grüßen<br>saygılarla |

- Her ifadeyi çevirisi ile beraber bir karta yazın.

## 9 Uçak nerede?

- Önce resimlere bakın.

1

2

3

4

5

6

7

8

9

- Hangi resim hangi cümleye uyuyor? Rakamları yazın.

a. Das Flugzeug liegt auf dem Tisch. [2]
b. Es steht unter dem Bett. [ ]
c. Es fliegt durch das Fenster. [ ]
d. Es steht im Schrank. [ ]
e. Es liegt vor dem Fernseher. [ ]
f. Es fliegt über den Baum. [ ]
g. Es steht zwischen den Büchern. [ ]
h. Es fliegt gegen das Haus. [ ]
i. Es fliegt ins Meer. [ ]

- Bulduğunuz sonucu çözüm anahtarıyla karşılaştırın (sayfa 237).

## 10 Tatil planları

- Önce durumun anlatımını dinleyin.

Tanja Lei möchte Urlaub am Meer machen. In der Zeitung hat sie eine Anzeige von der Stadt Cuxhaven gefunden. Jetzt möchte sie mehr Informationen und schreibt einen Brief an das Tourismusbüro.

- Cümlelerin başı ve sonları arasında çizgi çekin.

| | | | |
|---|---|---|---|
| A | Sehr geehrte Damen | 1. | Schwimmen und Rad fahren. |
| B | ich möchte gern Urlaub | 2. | noch Fragen. |
| C | Aber ich habe | 3. | und Herren, |
| D | Wo kann man | 4. | gibt es da? |
| E | Können Sie mir ein Hotel oder | 5. | mehr Informationen und Prospekte. |
| F | Meine Hobbys sind Wandern, | 6. | Grüßen<br>Tanja Lei |
| G | Welche Angebote | 7. | in Ihrer Stadt machen. |
| H | Bitte schicken Sie mir | 8. | ein Apartment empfehlen? |
| I | Mit freundlichen | 9. | günstig übernachten? |

- Bulduğunuz sonucu çözüm anahtarıyla karşılaştırın (sayfa 237).
- Metni bir kağıda yazın. Bu şekilde bir sonraki alıştırmada kılavuzunuz olacaktır.

## 11 Ve sizin tatil planlarınız?

Cuxhaven'de tatil yapmak istediğinizi düşünün ve daha fazla bilgi almak için turizm ofisine yazın. Alıştırma 10'daki cümleleri ve ifadeleri kullanabilirsiniz veya kendi sorularınızı da ekleyebilirsiniz.

Sehr geehrte ................ ,

..........................................

..........................................

..........................................

Mit freundlichen ................

- Bulduğunuz sonucu çözüm anahtarıyla karşılaştırın (sayfa 237).

## 12 Almanca öğrendiniz

### Herzlichen Glückwunsch!

Başardınız: Bu kitabın 25 bölümünü çalışarak geçtiniz ve ayrıca ilave alıştırma ve yeni kelime içeren Geriye Bakışları da başarıyla tamamladınız. Bir çok Almanca kelime ve ifade öğrendiniz. İnsanların bir çok farklı durumlarda söylediklerini anlayabiliyorsunuz. Ve – en önemlisi – bir çok durumlarda kendinizi Almanca olarak ifade edebilirsiniz.

Belki bazı detayları tamamıyla anlayamadınız. Dilin bağlantıları hakkında belki daha fazla bilgi almak istiyorsunuz. Belki size Alman dilinde, kültüründe ve Almanca konuşulan ülkelerdeki adetlerde bazı şeyler yabancı geliyordur. Endişelenmeyin: Bu, yabancı bir dil öğrendiğinizde, tamamen normaldır. Yeni bir dil öğrenmek, bilinmeyen bir kıtaya yola çıkmak gibidir. Merakınızı koruyun ve Alman dilinin bilinmeyen köşelerini keşfedin. Eğlencelidir!

## 13 Yapılar, kelime listesi ve örnek sınav

Sayfa 193 ve 212 arası bir örnek sınav bulabilirsiniz. Bununla kendinizi gerçekçi bir şekilde Alman dilinde temel bilgisi sertifikasını veren bir sınava – örneğin 'Start Deutsch 1' – hazırlayabilirsiniz

Sayfa 213 ve 222 arasında bu kitapta öğrendiğiniz Almanca dil yapısını içeren bir bölüm bulabilirsiniz. Özetler ve açıklamalar, size geçmiş bölümlerde sunulan konuları daha iyi anlamak için fırsat veriyor.

Kelime listesi (sayfa 223 ve sonrası), kitapla geçirdiğiniz çalışma süresinde karşılaştığınız tek kelimeleri bulmanıza imkan sağlıyor. Bu şekilde bir kelimenin ilk defa ne zaman ortaya çıktığına ve hangi anlama geldiğine hızlıca bakabilirsiniz.

# Übungstest *Start Deutsch 1*
## *Start Deutsch 1* için alıştırma metni

Sevgili Öğrenci,

*Miteinander* kitabının sonuna geldiniz ve kendinizi belki A1 Sınavı'na hazırlamak istiyorsunuz. Burada ipuçları ve çözüm anahtarı olan bir alıştırma sınavı bulabilirsiniz. Hören *ve* Lesen isimli bölümleri bu şekilde tek başınıza düzeltebilirsiniz. Schreiben *ve* Sprechen isimli bölümlerle ilgili çözüm önerileri bulabilirsiniz.

Gerçek sınavın sonunda sizden çözümleri cevap kağıdına aktarmanız istenecektir (bakınız sayfa 210–212): „Übertragen Sie Ihre Lösungen auf den Antwortbogen." Kitaptaki alıştırma sınavında ise çözümleri doğrudan her alıştırmanın yanına yazabilirsiniz.

Alıştırma sınavında sınavın her parçası ile ilgili en doğru yaklaşımın ne olduğu hakkında ipucu veriliyor. Ve size hemen bütün sınav için bir tavsiye verelim: Bir soruyu cözmek için her kelimeyi anlamanıza gerek yok. Her zaman sadece anladığınız kelimelere konsantre olun.

Start Deutsch 1 bu parçalardan oluşuyor:

| | | | | |
|---|---|---|---|---|
| Hören | Teil 1 | Kısa sohbetler (2'şer defa dinletilecek) | 6 puan | 20 dakika |
| Dinleme | Teil 2 | Anonslar (sadece 1 defa dinletilecek!) | 4 puan | |
| | Teil 3 | Telefon anonsları (2'şer defa dinletilecek) | 5 puan | |
| | | Dinleme toplam: | 15 puan | |
| Lesen | Teil 1 | Kısa notlar | 5 puan | 25 dakika |
| Okuma | Teil 2 | Küçük ilanlar ve durumlar | 5 puan | |
| | Teil 3 | levhalar / afişler | 5 puan | |
| | | Okuma toplam: | 15 puan | |
| Schreiben | Teil 1 | Forma bir şey eklemek | 5 puan | 20 dakika |
| Yazma | Teil 2 | kısa bir not yazmak (3 maddeden) | 10 puan | |
| | | Yazma toplam: | 15 puan | |
| Sprechen | Teil 1 | Kendinizi tanitmak | 3 puan | 15 dakika |
| Speaking | Teil 2 | Bilgi edinmek / bilgi vermek | 6 puan | |
| | Teil 3 | Bir şey istemek ve isteğe cevap vermek | 6 puan | |
| | | Konuşma toplam: | 15 puan | |

Sınavdan geçmek için size en az yüzde 60 gerekiyor.

# Übungstest **HÖREN Teil 1** 7 Minuten

**İpuçları**

Önce 0. sorudan 6. soruya kadar bütün soruları okuyun.
Bunun için sınavda biraz vaktiniz olacaktır.
– Sorulardaki welches, wo, wann gibi soru kelimelerinin altını çizin.
– Her sorudaki üç resme bakınız ve kısaca düşünün: Acaba bu insanlar ne hakkında konuşuyor? Şu anda nerede olabilirler?
A, B ve C şıklarında verilen bilgilerdeki farkların altını çizin. Örn:
Doppelzimmer mit Bad – zwei Einzelzimmer mit Dusche – das Doppelzimmer mit Dusche.

Okumadan sonra örnek (0)'a ait olan kısa bir sohbet dinleyeceksiniz. Sonra soru 1'den 6'ya aikadar 6 kısa diyalog dinleyeceksiniz. Her diyaloğu iki defa art arda dinleyeceksiniz. Çok dikkatli dinleyin, çünkü sohbetlerde yer alan kelimeler yanlış cevaplarda da yer alabilir. İkinci dinleyişinizde cevapları kontrol edin.

Önemli olan: Mutlaka bir tane cevap işaretleyin, emin olmadığınız durumda bile. Tesadüfen doğru cevap olabilir – ayrıca yanlış cevap için puanınız eksilmez!

Örnek (0)'da cevap işaretlenmiştir.

CD 4 Track 61

Was ist richtig? Kreuzen Sie an: a, b oder c. Sie hören jeden Text **zweimal**.

**Beispiel**

0 Welches Zimmer nehmen die Gäste?

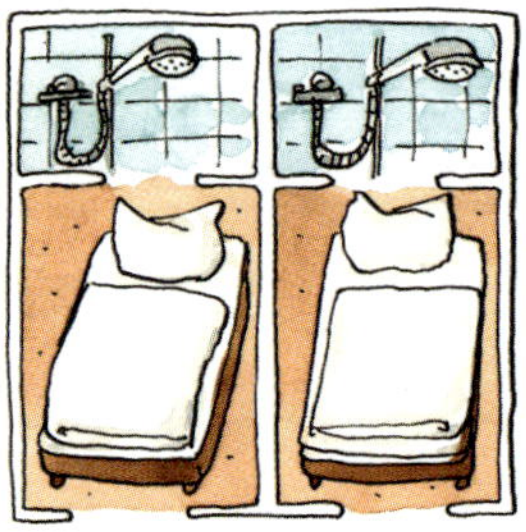

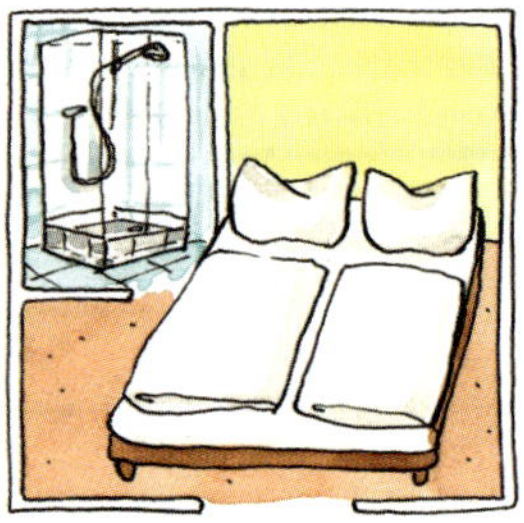

~~a~~ Das Doppelzimmer mit Bad.

b Zwei Einzelzimmer mit Dusche.

c Das Doppelzimmer mit Dusche.

CD 4 Track 62

1 Wo ist das Handy?

a Im Büro.

b In der Tasche.

c Im Auto.

CD 4 Track 63

2 Wann beginnt die Reise?

a Am achten April.

b Am achtzehnten April.

c Am achtundzwanzigsten April.

CD 4 Track 64

3 Um wie viel Uhr wollen die Freunde zusammen Fußball spielen?

a Um Viertel nach drei.

b Um halb drei.

c Um Viertel vor drei.

CD 4 Track 65

4 Wo war der Mann im Urlaub?

a Am Meer.

b In den Bergen.

c Zu Hause.

CD 4 Track 66

5 Wo ist die Post?

a Vor dem Bahnhof.

b Im Bahnhof.

c In der Bahnhofstraße.

CD 4 Track 67

6 Was kauft der Junge ein?

a Nur Brötchen.

b Nur Brot.

c Brötchen, Brot und Milch.

## İpuçları

2. bölümde dört anons duyacaksınız, örneğin tren istasyonunda, trende veya mağazada. Her anonsla ilgili bir soru çözmeniz istenecek. Dinlemeden önce soruyu okuyabilirsiniz. Bunun için sınavda biraz vaktiniz olacaktır. Dikkat: Her anonsu sadece bir defa duyacaksınız.

Önce soruları okuyun. Sonra altını çizin: Ne olup bitiyor? İnsanlar ne yapıyor veya ne yapmalı? Anonsları dinleyin ve soruları çözün.

Kreuzen Sie an: Richtig oder Falsch. Sie hören jeden Text **einmal**.

**Beispiel**:

CD 4 Track 68

0 Die Hotelgäste sollen sich an der Information für den Ausflug anmelden. ~~Richtig~~ Falsch

CD 4 Track 69

7 Fahrgäste nach Hanau sollen den Zug auf Gleis 7 nehmen. Richtig Falsch

CD 4 Track 70

8 Die Kunden sollen zur Kasse gehen. Richtig Falsch

CD 4 Track 71

9 Der Mann soll zum Ausgang kommen. Richtig Falsch

CD 4 Track 72

10 Der Kunde soll zu seinem Auto kommen. Richtig Falsch

## Übungstest **HÖREN Teil 3** 5 Minuten

### İpuçları

3. bölümde telefonda 5 anons veya telesekreterden mesaj dinleyeceksiniz. Her mesajı iki defa dinleceksiniz.
a, b ve c'deki çözüm önerilerindeki farklara dikkat edin (örn. anmachen, ausmachen, öffnen ...). Hangi bilgiyi gerçekten duyuyorsunuz? İkinci dinlemede cevaplarınızı kontrol edebilirsiniz.

Was ist richtig? Kreuzen Sie an: a, b oder c. Sie hören jeden Text **zweimal**.

CD 4 Track 73

11 Maria soll die Waschmaschine
- a schließen.
- b ausmachen.
- c anmachen.

CD 4 Track 74

12 Wo soll Claudia warten?
- a Im Kino.
- b Vor der Post.
- c Im Café.

CD 4 Track 75

13 Ab wann ist die Praxis wieder geöffnet?
- a Ab 17.8.
- b Ab 15.8.
- c Ab 19.8.

CD 4 Track 76

14 Herr Müller kann seinen Ausweis
- a sofort abholen.
- b ab Montag abholen.
- c am Mittwoch abholen.

CD 4 Track 77

15 Warum kann Anna nicht zum Geburtstag kommen? Sie
- a muss am Abend arbeiten.
- b hat Fieber.
- c hat einen Termin.

# Übungstest **LESEN Teil 1** 5 Minuten

### İpuçları

1. bölümde iki kısa metin okuyup (örn. Bir mektup, bir faks, bir eposta veya bir not) ve onunla ilgili toplam beş soru çözmelisniz.
En iyisi önce soruları okuyun, sonra metni. Sorulardaki önemli kelimeleri işaretleyin. Sonra metindeki uygun yerleri arayın.
Metinde bilgiler tamamen aynen sorularda yer aldığı gibi ifade edilmemiştir. Örnek (0): metinde şöyle yazıyor: Lieber Matthias, vielen Dank ... Deine Party und ... ; soruda ise: Sandra hat eine Party gemacht.

Sind die Aussagen 1–5 Richtig oder Falsch ? Kreuzen Sie an.

**Beispiel**

0 Sandra hat eine Party gemacht. Richtig ~~Falsch~~

Lieber Matthias,

vielen Dank für die Einladung nach Stuttgart. Deine Party und das Essen waren sehr schön! Ich bin dann noch für drei Tage nach Frankfurt gefahren. Da hatte ich tolles Wetter. ☺

Komm doch mal nach Mülheim. Du kannst auch bei mir wohnen.

Herzliche Grüße
Sandra

1 Sandra war in Frankfurt. Richtig Falsch

2 Sandra lädt Matthias nach Mülheim ein. Richtig Falsch

| Betreff: Reparatur Kundennummer 264260 |
| --- |
| Lieber Herr Amato,<br><br>wir haben Ihren Computer repariert. Sie können ihn zu unseren Geschäftszeiten von Montag bis Freitag zwischen 09.00 und 20.00 Uhr abholen. Sie brauchen keinen Termin. Die Reparaturkosten sind 285 Euro. Sie können bar oder mit Karte bezahlen. Bei Fragen rufen Sie uns bitte unter 0800 123 123 an oder schicken Sie uns eine E-Mail.<br><br>Mit freundlichen Grüßen<br>Mario Kleber<br>Firma Computer- Doktor |

3 Herr Amato hat diese E-Mail bekommen. Richtig Falsch

4 Herr Amato kann den Computer ohne Termin abholen. Richtig Falsch

5 Herr Amato muss die Rechnung bar bezahlen. Richtig Falsch

### İpuçları

İkinci bölümde 5 soru var. Her soruda iki kısa ilandan daha uygun olanını seçmelisiniz. Önce soruyu okuyun.
- Cevaptaki önemli kelimelerinin altını çizin.
- Sonra ilanı okuyun ve orada önemli kısımların altını çizin.
- Sonra düşünün: Hangi ilan uygun? Neden?

Örnek (0): Sie möchten ein Sofa kaufen. Wo finden Sie die Informationen?
suchen kelimesi iki ilanda da var: a Suchen Sie …? ; b Suche.
Fakat ilan b uymuyor; daire değil kanepe aradığınız için.

Lesen Sie die Texte und die Aufgaben 6–10.
Wo finden Sie Informationen? Kreuzen Sie an: a oder b.

**Beispiel:**

0 Sie möchten ein Sofa kaufen.

www.secondhand.de

Suchen Sie ein schönes Sofa, schwarz, fast neu? Günstig zu verkaufen. Besichtigung nach Termin (ab 19.00, Tel. 243657)

www.mietmarkt.de

Suche Mieter für 3-Zimmer-Wohnung mit Balkon und Möbeln, Baujahr 2004, günstig. Tel. 243657 (ab 19.00)

~~a~~ www.secondhand.de b www.mietmarkt.de

6 Sie suchen einen Job für den Sommer.

www.mueller.de

Studentin für leichte Arbeiten gesucht, für 4 Wochen im August. BLITZ Zeitarbeit, Berlin

www.buero_universal.de

Wir suchen für November bis Ende Februar zwei Studenten / Studentinnen für Schreibarbeiten. Firma Universal, München, Tel: 089 34 56 78

a www.mueller.de b www.buero_universal.de

7 Sie möchten nach Frankfurt reisen.

www.frankfurter-hof.de

Hotel „Frankfurter Hof" in Berlin
Einzel- und Doppelzimmer mit Dusche und WC · Restaurant mit Terrasse

www.frankfurt.de

Frankfurt-Infos: Urlaub in Frankfurt
Tourismus, Flughafen-Infos,
BahnReservierungen, Hotels

a www.frankfurter-hof.de

b www.frankfurt.de

8 Sie suchen ein Haus mit Garten.

www.mietmarkt.de

6-Zimmer-Haus im Zentrum,
zum 3.1. frei. (5 Min. mit der Straßenbahn zum Hauptbahnhof)
Chiffre DA 21386

www.immobilien.com

1-Familien-Haus, 180 m², großer Garten , Miete: 2100 Euro, sofort frei.
(DA 2237 86)

a www.mietmarkt.de

b www.immobilien.com

9 Sie suchen einen Deutschkurs.

www.sprachenlernen.de

Sprachenzentrum Hanau:
Lernen Sie bei uns: Englisch – Spanisch – Französisch – Deutsch
Anmeldung: Mo-Fr 9.00-16.00

www.eurosprachen.de

Sprachenschule Steinheim
Kurse für Englisch, Russisch und Spanisch
neu: Französischkurse
Beginn: Januar

a www.sprachenlernen.de

b www.eurosprachen.de

10 Sie möchten mit dem Zug eine Reise durch Deutschland machen.

www.ameropa.de

- Busreisen in Südeuropa
- Fahrradreisen in Deutschland und Europa
- Zugreisen nach Italien
  Bestellen Sie unseren neuen Prospekt.

www.bahn.de

Frühlingsangebot
Zugreisen günstig:
In alle deutschen Städte für nur 48 Euro.

a www.ameropa.de

b www.bahn.de

### İpuçları

3. bölümde 5 kısa ilan (levha, not kağıdı, afiş) ve her ilanın kısa bir özetini okuyacaksınız. Sonra özetin doğru özetleyip özetlemediğini tespit edeceksiniz.
Önce kısa cümleyi sonra ilanı okuyun. Cümledeki (Örnek 0: Sie können <u>abends</u> Blumen kaufen. ve ilandaki önemli kelimelerinin altını çizin (Beispiel 0: die <u>Uhrzeiten</u>).
Soruyu ve metni çok dikkatlice karşılaştırın! Örnek 0: kısa cümledeki abends kelimesi ilandaki dükkan kapanma saatleri ile uyuşmuyor. Dolayısıyla ~~Falsch~~ işaretlemelisiniz.

Lesen Sie die Texte und die Aufgaben 11–15. Kreuzen Sie an: Richtig oder Falsch ?

**Beispiel**

0 In einer Gärtnerei
Sie können abends Blumen kaufen. Richtig ~~Falsch~~

11 An der Tür eines Restaurants
Sie können jetzt hier essen. Richtig Falsch

12 An der Tür von einem Geschäft

Sie können in der Kaiserstraße Möbel kaufen.

Richtig Falsch

13 Am Klassenzimmer

Sie haben heute keinen Unterricht.

Richtig Falsch

14 An der Kasse

Sie können mit Karte zahlen.

Richtig Falsch

15 An einem Fenster

Hier können Sie Englisch lernen.

Richtig Falsch

### İpuçları

1. bölümde bir formdaki eksik bilgileri tamamlamanız gerekiyor. Bununla ilgili bilgileri formun üstünde veya yanında duran bir metinden bulabilirsiniz.
Önce formu inceleyin. Hangi bilgiler eksik? Parantez içindeki rakamlar size bu yerleri bulmanız için yardımcı olacaktır. Sonra formun yanındaki metni okuyun ve formda eksik olan bilgilerin altını çizin. En son formu tamamlamak için bilgileri forma aktarın.

Ihre Freundin Maria Rodriguez Gonzales besucht Sie. Sie wohnt für eine Woche bei Ihnen in Hamburg, Mörfelder Landstr. 118. Sie sucht seit 23.04. ihre braune Tasche. In der Tasche waren ihr Pass, Geld und ein Buch. Sie muss ein Formular ausfüllen. Helfen Sie Ihrer Freundin und schreiben Sie die fünf fehlenden Informationen in das Formular.

**Rathaus Hamburg**

| | | |
|---|---|---|
| Familienname: | Rodriguez Gonzales | |
| Vorname: | Maria | (0) |
| Telefon: | 069 – 1232568 | |
| E-Mail-Adresse: | MRod.@yahoo.com | |
| Kontaktadresse: | ........................ | (1) |
| | 42041 Hamburg | |
| **Ich suche** | | |
| Was? | ........................ | (2) |
| Farbe? | ........................ | (3) |
| Geld? | Ja ☐ Nein ☐ | (4) |
| Sonstiges? | Pass, Buch | |
| Wann? | ........................ | (5) |
| Unterschrift: | Maria Rodriguez Gonzales | |

# Übungstest **SCHREIBEN Teil 2** 15 Minuten

**İpuçları**

2. bölümde bir mektup, kart veya eposta yazmalısınız, örn. Bir kız veya erkek arkadaşa, bir öğrenci arkadaşınıza, öğretmenize veya iş arkadaşınıza. Soruda ayrıca yazma aşamasında dikkat etmeniz gereken üç madde sayıyor. Her üç madde ile ilgili bir veya iki cümle yazın, yaklaşık 30 kelime.
Yazmadan önce kime yazdığınızı düşünün. Arkadaş mı, öğretmen mi, iş arkadaşları mı, birden fazla insan mı, örn. Arkadaşlar, tanımadığınız insan mı? Sonra karar verin:

- Hangi kelimeler uygun? (Du/Dein, Ihr/Euer veya Sie/Ihr)
- Hangi hitap şekli (Sehr geehrter Herr … / Sehr geehrte Frau …, Sehr geehrte Damen und Herren, oder Liebe/r …) doğru?
- Hangi selam şekli uygun? (Mit freundlichen Grüßen / Liebe Grüße)

Hitaptan sonraki virgülü unutmayın.

Önce sorudaki (sayfa 206) üç maddeyi okuyun ve önemli kelimelerin altını çizin.

Şunu düşünün: Bir şeyi başka kelimelerle nasıl ifade edebilirsiniz? (örn. Madde 1: Warum schreiben Sie?) sonunda kontrol edin: Her üç madde için bir şey yazdım mı? Hitap ve selam da yazdım mı?

**Aufgabe:**
Sie möchten im Mai nach Füssen fahren. Schreiben Sie an die Touristeninformation:

1. Warum schreiben Sie?
2. Informationen über die Stadt?
3. Hotels: Adressen und Preise?

Schreiben Sie zu jedem Punkt ein bis zwei Sätze auf den Antwortbogen (ca. 30 Wörter). Schreiben Sie auch eine Anrede und einen Gruß.

# Übungstest SPRECHEN Teil 1 5 Minuten

Sözel sınava grup halinde en fazla dört kişi ve iki sınavcıyla gireceksiniz. Sınavcı ve diğer adaylarla konuşacaksınız. Sözel sınav için hazırlık süresi yoktur. 1. bölümdeki sınav süresi her katılan için yaklaşık 80 saniye, 2. ve 3. bölüm için yaklaşık 60 saniye.

## İpuçları

Bu bölümde kendinizi gruba tanıtıyorsunuz. Kendiniz hakkınızda beş veya altı cümle söyleyin. Yardım olarak size alttaki yedi anahtar kelime verilecek. Fakat hepsi hakkında bir şey söylemeniz gerekmiyor.

| | | | | | | |
|---|---|---|---|---|---|---|
| *Name?* | *Alter?* | *Land?* | *Wohnort?* | *Sprachen?* | *Beruf?* | *Hobby?* |

Tanıtımdan sonra sınavcı iki soru soruyor: Bir şeyi harf harf söylemenizi isteyecek (örn. adınızı) ve bir rakam söylemenizi isteyecek (örn. adresinizdeki cadde numarası).

1. bölüm için evde bu şekilde alıştırma yapabilirsiniz:

### Sich vorstellen

- Şunu düşünün: Kendiniz hakkında ne diyebilirsiniz?
  (1. bölümdeki anahtar kelimelere bakın)

### Buchstabieren und Zahlen nennen

- Örn. soyadınız veya adınızı, yaşadığınız şehrin veya ülkenin adını harf harf söyleyin.
  Örnek:
  ■ Ich komme aus Thailand.
  ● Wie schreibt man „Thailand"?
  ■ T-H-A-I-L-A-N-D.
  Tekrar etmek için 6. dersteki harf harf söyleme alıştırmaları kullanabilisiniz.
- Rakamları çalışın: Cep telefon numaranızı, posta kodunuzu, ev numaranızı söyleyin.
  Örnek: Meine Handynummer ist ...

# Übungstest **SPRECHEN Teil 2** 5 Minuten

## İpuçlar

2. bölümde iki değişik konu hakkında konuşmalısınız. Konuları serbestçe seçmiyorsunuz. Her konu için bir kelime kartı verilecektir. Örnek:

| Thema: Essen & Trinken |
|---|
| **Obst** |

Partnerinize bu konuyla ilgili ne sorabileceğinizi düşünün.
Örnek:
„Isst du gern Obst?"

„Welches Obst isst du gern?" /
„Welches Obst magst du gern?"
…

Partneriniz nasıl bir cevap verebilir ve siz nasıl cevap verirdiniz?
Örnek:
„Ja, gern." / „Nein, ich esse nicht so gern Obst."
„Ich esse gern Bananen, aber am liebsten esse ich Äpfel." /
„Äpfel mag ich gern."

| Thema: Freizeit |
|---|
| **Hobby** |

Sorular, örn.:
„Was machst du in der Freizeit?"
„Hast du ein Hobby?" …

Cevaplar, örn.:
„In meiner Freizeit lese ich gern."
„Mein Hobby ist Lesen." …

Alttaki kartlarla çalışın. En iyisi her konuyla ilgili olabilir soru ve cevap yazın ve sınavdan önce tekrar edin.

**Um Informationen bitten und Informationen geben.**

Thema: Essen & Trinken

| | | |
|---|---|---|
| Thema: Essen & Trinken | Thema: Essen & Trinken | Thema: Essen & Trinken |
| **Gemüse** | **Fisch** | **Salat** |
| Thema: Essen & Trinken | Thema: Essen & Trinken | Thema: Essen & Trinken |
| **Abendessen** | **Obst** | **Saft** |

Thema: Freizeit

| | | |
|---|---|---|
| Thema: Freizeit | Thema: Freizeit | Thema: Freizeit |
| **Sport** | **Bücher** | **Hobby** |
| Thema: Freizeit | Thema: Freizeit | Thema: Freizeit |
| **Reisen** | **Sprachen** | **Garten** |

Başka konulu kartlarda neler yazabilir diye düşünün, örn. "aile", "meslek", "yaşamak" konularla ilgili …

# Übungstest **SPRECHEN Teil 3** 5 Minuten

### İpuçları

Bu bölümde her sınava katılan 2 tane resimli kart alıyor. Soru: Birisinden bir şey rica etmek veya bir ricaya cevap vermek. Çizimlere dikkatlice bakın. Çizimin konusuna bağlı olarak ne isteyebileceğinizi düşünün. Çizilmiş eşyayla birisiİstve Tarih AraĢtırma Merkezi tarafından bir şey mi yapsın? Çizilmiş eşya size mi verilsin?

Sınavda kartlardan iki kart çekeceksiniz; burada kitapta alıştırma yapmanız için 6 kart var. Hangi ifadelerin uygun olduğunu düşünün. Sonra istek veya soru ifade edin. Ayrıca bir ricaya veya soruya nasıl tepki gösterebileceğinizi düşünün. Örnek:

| | rica / soru | cevap |
|---|---|---|
|  | Schließt du bitte …?<br>Kannst du bitte … schließen?<br>Schließ doch bitte …! | Ja, das mache ich gern.<br>Den/Die/Das … schließe ich gern.<br>Ich schließe ihn/sie/es … gleich. |
|  | Darf ich … haben?<br>Kann ich … bekommen?<br>Gib mir …! | Ja, gern.<br>Natürlich, hier ist …, bitte. |

Aşağıdaki kartlarla alıştırma yapmaya devam edin. En iyisi tekrar her resimle ilgili olabilir soru ve cevap yazın ve sınavdan önce tekrar edin.

**Bitten formulieren und darauf reagieren.** **Lütfen ifade edin ve karşılık verin.**

## Antwortbogen

### Cevap kağıdı

Sınavda size bir tane cevap kağıdı verilecek. Cevapları bu kağıda yazmanız gerekiyor. Bundan sonraki iki sayfada bu cevap kağıdının ön ve arka yüzünü göreceksiniz. Bu iki sayfayı cevapları doğru bir şekilde işaret etmek ve not almak için kullanabilirsiniz.
İpucu: Cevapları önce soru kağıdında işaretleyin (ve Schreiben – Teil 2 bölümünde önce ayrı bir kağıtta yazın) ve ancak ondan sonra sonuçları cevap kağıdına aktarın.

Sayfanın ön tarafında yukarda şunları doldurun:
Nach- / Vorname: Soyadınız ve adınız
Institution / Ort: Bu sınava girdiğiniz kuruluş ve şehir bilgisi
Geburtsdatum: Doğum tarihiniz

(PS ve PTN-Nr. Sınava girdiğiniz kuruluş tarafından doldurulacaktır.)

Kutucukta ve ön yüzde cevap kutularını nasıl işaretlemeniz gerektiği anlatılıyor. Aynen orada yazdığı şekilde işaretlemeniz önemli, çünkü cevap kağıtları bilgisayar tarafından okunacaktır.

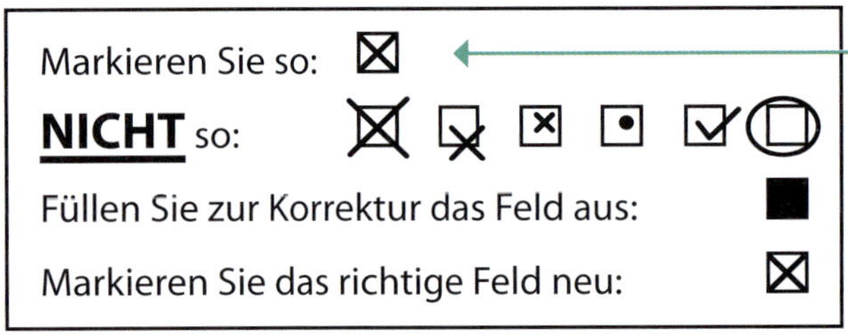


Kutucukları bu şekilde işaretleyin.

Bu şekilde değil.

Yanlış işaretlemiş bir kutucuğun içini tamamen doldurun.

Sonra yeniden doğru kutucuğu işaretleyin.

36797

# Start Deutsch 1
## Antwortbogen

GOETHE INSTITUT

Nach-/Vorname ______ , ______ PS

Institution, Ort ______

Geburtsdatum __ __ . __ __ . __ __ __ __

PTN-Nr.

## Hören

**Teil 1**

| | a | b | c |
|---|---|---|---|
| 1 | | | |
| 2 | | | |
| 3 | | | |
| 4 | | | |
| 5 | | | |
| 6 | | | |

**Teil 2**

| | Richtig | Falsch |
|---|---|---|
| 7 | | |
| 8 | | |
| 9 | | |
| 10 | | |

**Teil 3**

| | a | b | c |
|---|---|---|---|
| 11 | | | |
| 12 | | | |
| 13 | | | |
| 14 | | | |
| 15 | | | |

Markieren Sie so: ☒
NICHT so:
Füllen Sie zur Korrektur das Feld aus: ■
Markieren Sie das richtige Feld neu: ☒

Prüfer 1 Prüfer 2

## Lesen

**Teil 1**

| | Richtig | Falsch |
|---|---|---|
| 1 | | |
| 2 | | |
| 3 | | |
| 4 | | |
| 5 | | |

**Teil 2**

| | a | b |
|---|---|---|
| 6 | | |
| 7 | | |
| 8 | | |
| 9 | | |
| 10 | | |

**Teil 3**

| | Richtig | Falsch |
|---|---|---|
| 11 | | |
| 12 | | |
| 13 | | |
| 14 | | |
| 15 | | |

Prüfer 1 Prüfer 2

## Schreiben

**Teil 1**

1 ______
2 ______
3 ______
4 ______
5 ______

**Vom Prüfer auszufüllen!**

**Teil 1**

| | 1 | 0 | ausgelassen |
|---|---|---|---|
| 1 | | | |
| 2 | | | |
| 3 | | | |
| 4 | | | |
| 5 | | | |

Gesamt-Punktzahl im Teil 1:

**Vom Prüfer auszufüllen !**

**Teil 2**

| • Die Aufgabe ist | voll erfüllt | teilweise erfüllt | nicht erfüllt |
|---|---|---|---|
| Inhaltspunkt 1 | 3 | 1,5 | 0 |
| Inhaltspunkt 2 | 3 | 1,5 | 0 |
| Inhaltspunkt 3 | 3 | 1,5 | 0 |
| Kommunikative Gestaltung | 1 | 0,5 | 0 |

Gesamtpunkte Teil 2: __ __ , __

• Aufgabe wurde nicht bearbeitet

Ergebnis Teil Schreiben __ __ , __

Ergebnis Schriftliche Prüfung __ __ , __

Version 8.04 - 36797 - 10/2011

36797

**Start Deutsch 1**

**Antwortbogen**

GOETHE INSTITUT

**Schreiben, Teil 2**

Schreiben Sie Ihren Text hier (ca. 30 Wörter).

Version 8.04 - 36797 - 10/2011

| Prüfer 1 | Prüfer 2 |
| --- | --- |
| __ __ , __ | __ __ , __ |

Einigung: __ __ , __

Unterschrift Prüfer 1

Unterschrift Prüfer 2

Ort, Datum



Ü

# Strukturen
## Yapılar

Bu bölümde kitabımızda öğrendiğiniz Almanca'nın önemli yapıları hakkında kısa bir özet bulabilirsiniz. Bu sayfalar size şimdiye kadar tek cümlelerde okuduğunuz veya duyduğunuz şeyleri sistematik bir çerçeve içerisinde anlamaya yardımcı olmayı hedefliyor. – Korkmayınız: listeler ezberlemeyeceksiniz. Fakat yönünüzü bulmak için tekrar tekrar buraya başvurabilirsiniz.

### 1. Kişiler ve eşyalar

Sadece kişilerin değil, eşyaların da cinsiyeti var. Cinsiyet, artikel isimli bir eşlik eden kelime ile gösteriliyor:

| | | Aynı şekilde: |
|---|---|---|
| eril: | **der** Mann | **der** Apfel, **der** Bahnhof, **der** Baum, **der** Koffer … |
| dişi: | **die** Frau | **die** Banane, **die** Blume, **die** Stadt, **die** Tasche … |
| nötr: | **das** Kind | **das** Brot, **das** Buch, **das** Geschäft, **das** Taxi … |

Çoklukta *cinsiyetler* arasında fark yoktur, fakat kelimelerin *çokluk* şekli teklikten çok farklı olabilir:

| | | |
|---|---|---|
| eril: | **die** M**ä**nn**er** | **die** **Ä**pfel, **die** Bahnh**öfe**, **die** B**ä**um**e**, **die** Koffer … |
| dişi: | **die** Frau**en** | **die** Banane**n**, **die** Blume**n**, **die** St**ä**dt**e**, **die** Tasche**n** … |
| nötr: | **die** Kind**er** | **die** Brot**e**, **die** B**ü**ch**er**, **die** Gesch**ä**ft**e**, **die** Taxi**s** … |

Belli kişi veya eşyadan bahsedilmiyorsa, *eşlik eden kelime (artikel)* olarak "ein" kullanılır.

| | | |
|---|---|---|
| eril: | **ein** Mann | **ein** Apfel, **ein** Bahnhof, **ein** Baum, **ein** Koffer … |
| dişi: | **eine** Frau | **eine** Banane, **eine** Blume, **eine** Stadt, **eine** Tasche … |
| nötr: | **ein** Kind | **ein** Brot, **ein** Buch, **ein** Geschäft, **ein** Taxi … |

*Çoklukta eşlik eden kelime* de kullanılmaz:

| | | |
|---|---|---|
| eril: | M**ä**nn**er** | **Ä**pfel, Bahnh**öfe**, B**ä**um**e**, Koffer … |
| dişi: | Frau**en** | Banane**n**, Blume**n**, St**ä**dt**e**, Tasche**n** … |
| nötr: | Kind**er** | Brot**e**, B**ü**ch**er**, Gesch**ä**ft**e**, Taxi**s** … |

Kişiler ve eşyalar farklı eşlik eden kelimelere sahip olabilirler. Örn.:

| | | | |
|---|---|---|---|
| **dieser** Mann | bu erkek | **jeder** Bahnhof | **her** tren istasyonu |
| **diese** Frau | bu kadın | **jede** Stadt | **her** şehir |
| **dieses** Kind | bu çocuk | **jedes** Brot | **her** ekmek |
| **mein** Apfel | **benim** elma | **kein** Koffer | bavul **yok** |
| **meine** Banane | **benim** muz | **keine** Tasche | çanta **yok** |
| **mein** Buch | **benim** kitap | **kein** Taxi | taksi **yok** |

Cümledeki işlevine göre bu kelimeler farklı şekillerde olabilirler. Alttaki cümleleri ve çevirilerini karşılaştırın. Özellikle **kalın** yazılmış kelimelere dikkat edin:

| a. | b. | c. |
|---|---|---|
| **Der** Mann repariert ein Fahrrad.<br>Adam bisiklet tamir ediyor. | Ich sehe **den** Mann.<br>Adamı görüyorum. | Ich helfe **dem** Mann.<br>Adama yardım ediyorum. |
| **Die** Frau lernt Deutsch.<br>Kadın Almanca öğreniyor. | Ich sehe **die** Frau.<br>Kadını görüyorum. | Ich helfe **der** Frau.<br>Kadına yardım ediyorum. |
| **Das** Kind macht Hausaufgaben.<br>Çocuk ödev yapıyor. | Ich sehe **das** Kind.<br>Çocuğu görüyorum. | Ich helfe **dem** Kind.<br>Çocuğa yardım ediyorum. |
| **Die** Leute suchen ein Hotel.<br>İnsanlar otel arıyor. | Ich sehe **die** Leute.<br>İnsanları görüyorum. | Ich helfe **den** Leute**n**.<br>İnsanlara yardım ediyorum. |

A sütununda insanlar bir şeyler yapıyor. İnsanların bir şey yaptıkları için daha fazla örnek:
**Der** Mann arbeitet. **Die** Frau lacht. **Das** Kind spielt. **Die** Leute telefonieren.

B sütununda bu insanlar eylemin bir parçası, yani başka birisi bunlara karşı bir eylem yapıyor. Bununla ilgili daha fazla örnek:
Ich kenne **den** Mann. Ich höre **die** Frau. Ich besuche **das** Kind. Ich frage **die** Leute.

C sütununda insanlara bir şey veriliyor. Daha fazla örnek:
Ich gebe **dem** Mann eine Information. Ich bringe **der** Frau einen Kaffee.
Ich schenke **dem** Kind ein Buch.

## 2. Kimin hakkında konuştuğunu söylemek

Alttaki cümleleri ve çevirilerini karşılaştırın.
Özellikle koyu yazılmış kelimelere dikkat edin:

| | |
|---|---|
| **Ich** komme aus Deutschland. | **Ben,** Almanya'danım. |
| Kommst **du** aus Indien? | **Sen,** Hindistan'dan mısın? |
| **Wir** kommen aus Spanien. | **Biz,** İspanya'danız. |
| Kommt **ihr** aus Thailand? | **Siz,** Tayland'dan mısınız? |
| Woher kommen **Sie**, Herr Alawi? | **Siz** neredensiniz, Bay Alawi? |
| Frau Amato und Herr Amato, kommen **Sie** aus Italien? | Bay ve bayan Amato, **siz** İtalya'dan mısınız? |

| | |
|---|---|
| **Der Mann** kommt aus Russland. In Berlin möchte **er** Deutsch lernen. | **Adam** Rusya'dan geliyor. **O,** Berlin'de Almanca öğrenmek istiyor. |
| **Die Frau** ist krank. | **Kadın** hasta. |
| Jetzt möchte **sie** zum Arzt gehen. | **O,** şimdi doktora gitmek istiyor. |
| **Das Kind** muss heute viel lernen. | **Çocuk** çok şey öğrenmek zorunda. |
| Morgen schreibt **es** einen Test. | **O,** yarın bir sınava girecek. |
| **Die Freunde** sind sehr nett. | **Arkadaşlar çok sempatik.** |
| Morgen kommen **sie** zur Party. | Onlar, yarın partiye gelecek. |

Cümledeki işlevlerine göre bu kelimeler farklı şekiller de alabilir.

Almanca cümleleri ve çevirilerini karşılaştırın:

| | | |
|---|---|---|
| **Ich** hätte gern fünf Äpfel. | Können Sie **mich** hören? | Können Sie **mir** helfen? |
| **Ben** beş elma istiyorum. | Siz **beni** duyabiliyor musunuz? | **Bana** yardım edebilir misiniz? |
| Hast **du** keinen Hunger? | Soll ich **dich** nach Hause fahren? | Was fehlt **dir** denn? |
| **Sen** aç değil misin? | **Seni** arabayla eve bırakayım mı? | **Sana** ne oldu? |
| **Wir** kommen aus Marokko. | Sie wollen **uns** abholen. | Können Sie **uns** helfen? |
| **Biz** Fas'tanız. | **Bizi** almak mı istiyorsunuz. | **Bize** yardım edebilir misiniz? |
| Habt **ihr** keinen Hunger? | Sollen wir **euch** nach Hause fahren? | Was fehlt **euch** denn? |
| **Siz** aç değil misiniz? | **Sizi** arabayla eve bırakalım mı? | **Size** ne oldu? |
| Woher kommen **Sie**, Herr Alawi? | Soll ich **Sie** zum Bahnhof fahren? | Kann ich **Ihnen** helfen? |
| **Siz** neredensiniz, bay Alawi? | **Sizi** arabayla tren istasyonuna bırakayım mı? | **Size** yardım edebilir miyim? |

| | | |
|---|---|---|
| **Er** möchte Deutsch lernen. | Wir fahren **ihn** nach Berlin. | Wir können **ihm** helfen. |
| **O,** Almanca öğrenmek istiyor. | **Onu** arabayla Berlin'e bırakıyoruz. | **Ona** yardım edebiliriz. |
| **Sie** ist krank. | Wir bringen **sie** zum Arzt. | Wir möchten **ihr** helfen. |
| **O,** hasta. | **Onu** doktora bırakıyoruz. | **Ona** yardım etmek istiyoruz. |
| Das Kind (**es**) muss viel lernen. | Wir bringen **es** in die Schule. | Wir können **ihm** helfen. |
| Çocuk (**o**) çok şey öğrenmeli. | **Onu** okula götürüyoruz. | **Ona** yardım edebiliriz. |
| Die Freunde (**sie**) haben kein Auto. | Wir nehmen **sie** zur Party mit. | Wir können **ihnen** helfen. |
| Arkadaşlar (**onlar**) araba sahibi değil. | **Onları** partiye götürüyoruz. | **Onlara** yardım edebiliriz. |

Können Sie **mich hören**?

Können Sie **mir helfen**?

## 3. Eylemler ve durumlar hakkında konuşmak

Eylemleri veya durumları ifade eden kelimelere fiiller denir. Fiiller, ifade ettikleri kişi veya eşyaya bağlı olarak değişik şekillerde olabilir.

Karşılaştırın:

| | kommen | machen | arbeiten | warten |
|---|---|---|---|---|
| ich | komm**e** | mach**e** | arbeit**e** | wart**e** |
| du | komm**st** | mach**st** | arbeit**est** | wart**est** |
| er / sie / es | komm**t** | mach**t** | arbeit**et** | wart**et** |
| wir | komm**en** | mach**en** | arbeit**en** | wart**en** |
| ihr | komm**t** | mach**t** | arbeit**et** | wart**et** |
| sie / Sie | komm**en** | mach**en** | arbeit**en** | wart**en** |

Bazi fiiller kelimenin sadece sonunu değil, ortasını da değiştirir:

| | fahren | geben | sehen | essen |
|---|---|---|---|---|
| ich | fahr**e** | geb**e** | seh**e** | ess**e** |
| du | **fährst** | **gibst** | **siehst** | **isst** |
| er / sie / es | **fährt** | **gibt** | **sieht** | **isst** |
| wir | fahr**en** | geb**en** | seh**en** | ess**en** |
| ihr | fahr**t** | geb**t** | seh**t** | ess**t** |
| sie / Sie | fahr**en** | geb**en** | seh**en** | ess**en** |
| | Aynı şekilde: | Aynı şekilde: | Aynı şekilde: | |
| | gefallen | helfen | empfehlen | |
| | halten | nehmen * | | |
| | laufen | sprechen | | |
| | schlafen | treffen | | |
| | waschen | | | |

* ich nehme, du n**imm**st, er / sie / es n**imm**t, wir nehmen, ihr nehmt, sie nehmen

Ortası sadece sadece du ve er/sie/es kelimelerinde değişir.

Bazı fiiller tamamen farklı şekillere sahipler:

| | haben | sein | möchten | mögen | wissen |
|---|---|---|---|---|---|
| ich | hab**e** | **bin** | möcht**e** | **mag** | **weiß** |
| du | ha**st** | **bist** | möcht**est** | **magst** | **weißt** |
| er / sie / es | ha**t** | **ist** | möcht**e** | **mag** | **weiß** |
| wir | hab**en** | **sind** | möcht**en** | mög**en** | wiss**en** |
| ihr | hab**t** | **seid** | möcht**et** | mög**t** | wiss**t** |
| sie / Sie | hab**en** | **sind** | möcht**en** | mög**en** | wiss**en** |

Aynı şekilde:

| | können | müssen | dürfen | wollen | sollen |
|---|---|---|---|---|---|
| ich | kann | muss | darf | will | soll |
| du | kann**st** | muss**t** | darf**st** | will**st** | soll**st** |
| er / sie / es | kann | muss | darf | will | soll |
| wir | könn**en** | müss**en** | dürf**en** | woll**en** | soll**en** |
| ihr | könn**t** | müss**t** | dürf**t** | woll**t** | soll**t** |
| sie / Sie | könn**en** | müss**en** | dürf**en** | woll**en** | soll**en** |

Bazı fiiller iki parçadan oluşur. Belli durumlarda, örn. können, müssen, dürfen, wollen, sollen kelimelerinden sonra, birlikte kalırlar, başka durumlarda ayrılırlar.

Karşılaştırın:

| | |
|---|---|
| Sie soll das Fenster **öffnen**. | Sie **öffnet** das Fenster. |
| O, pencereyi **açmalı.** | O, penceryi **açıyor.** |
| Sie soll das Fenster **aufmachen**. | Sie **macht** das Fenster **auf**. |
| O, pencereyi açmalı. | O, pencereyi **açıyor.** |
| Er muss nach Paris **fliegen**. | Er **fliegt** nach Paris. |
| O, Paris'e uçmalı. | O, Paris'e **uçuyor.** |
| Er soll um 13 Uhr **abfliegen**. | Er **fliegt** um 13 Uhr **ab**. |
| O, saat 13'te uçmalı. | O, saat 13'te **uçuyor.** |
| Sie will Obst **kaufen**. | Sie **kauft** Obst. |
| O, meyve **almalı.** | O, meyve **alıyor.** |
| Sie will **einkaufen**. | Sie **kauft ein**. |
| O, **alışveriş yapmak** istiyor. | O, **alışveriş yapıyor.** |

Kelime listesinde (sayfa 223) bu fiilleri bölünebilir parçaların arasında duran ufak noktadan tanıyabilirsinizç, örn.: auf·machen, ab·fliegen, ein·kaufen

Sie macht das Fenster auf.

Sie kauft ein.

## 4. Geçmiş hakkında konuşmak

Karşılaştırın:

| Şimdiki zaman: | Geçmiş zaman: |
|---|---|
| Ich **wohne** in Hamburg. | Ich **habe** in Hamburg **gewohnt**. |
| Hamburg'da **oturuyorum.** | Hamburg'da **oturdum.** |
| Er **arbeitet** in Bremen. | Er **hat** in Bremen **gearbeitet**. |
| O, Bremen'de **çalışıyor.** | Bremen'de **çalıştım.** |
| Sie **fährt** nach Berlin. | Sie **ist** nach Berlin **gefahren**. |
| O, Berlin'e **gidiyor.** | O, Berlin'e **gitti.** |
| Er **bleibt** in Berlin. | Er **ist** in Berlin **geblieben**. |
| O, Berlin'de kalıyor. | O, Berlin'de **kaldı.** |
| Sie **ist** in Berlin. | Sie **war** in Berlin. |
| O, Berlin'de. | O, Berlin'deydi. |
| Er **hat** keine Zeit. | Er **hatte** keine Zeit. |
| Onun vakti yok. | Onun vakti yoktu. |
| Er **kauft ein**. | Er **hat eingekauft**. |
| O, **alışveriş yapıyor.** | O, **alışveriş yaptı.** |

Çoğu durumda geçmiş zamanı şu şekilde oluşturuyorsunuz:

| Şimdiki zaman: | Geçmiş zaman: |
|---|---|
| wohnt | **hat ge**wohn**t** |
| kauft ein | **hat** ein**ge**kauf**t** |

Diğer durumlar için kelime şekillerini kelime listesinde bulabilirsiniz (sayfa 223). Örn.:
fahren, fährt, ist gefahren

Er ist in Berlin.

Er war in Berlin.

## 5. Cümle kurmak

Alttaki iki cümle basit bir cümle kurmanın yollarını gösteriyor. İkinci cümlede Jetzt kelimesi vurgulanmış. Bu duruma Almanca'da çok sık rastlanılır. Bir cümle mutlaka bir şey yapan kişi ile başlamak zorunda değil. Fakat fiil herzaman cümle içerisinde ikinci pozisyonda.

| 1 | 2 | 3 | 4 |
|---|---|---|---|
| **Klaus** | **wohnt** | jetzt | in Berlin. |
| **Klaus** şimdi Berlin'de **oturuyor.** | | | |
| **Jetzt** | **wohnt** | Klaus | in Berlin. |
| Şimdi **Klaus** Berlin'de **oturuyor.** | | | |

Bazı cümlelerlde iki *fiil* veya bir tane *iki parçalı fiil* bulunuyor. Cümlede daha fazla bilgi yer alıyorsa bunlar birinci *fiil* veya *fiil parçası* ve ikinci *fiil* veya *fiil parçası* arasında duruyor. İkinci *fiil* veya *fiil parçası* cümlenin sonunda yer alıyor.

Alttaki cümleleri çevirileri ile:

Klaus **möchte arbeiten.**
Klaus çalışmak istiyor.
Klaus **möchte** in Berlin **arbeiten**.
Klaus Berlin'de çalışmak istiyor.
Klaus **möchte** für eine Firma in Berlin **arbeiten**.
Klaus Berlin'de bir şirket için çalışmak istiyor.
Klaus **möchte** jetzt für eine Firma in Berlin **arbeiten**.
Klaus şimdi Berlin'de bir şirket için çalışmak istiyor.
Jetzt **möchte** Klaus für eine Firma in Berlin **arbeiten**.
Şimdi Klaus Berlin'de bir şirket için çalışmak istiyor.
Klaus **hat** früher für eine Firma in Hamburg **gearbeitet**.
Klaus eskiden Hamburg'ta bir şirket için çalıştı.
Früher **hat** Klaus für eine Firma in Hamburg **gearbeitet**.
Eskiden Klaus Hamburg'ta bir şirket için çalıştı.
Klaus **fährt ab.**
Klaus yola çıkıyor.
Klaus **fährt** morgen nach Berlin **ab.**
Klaus yarın Berlin'e doğru yola çıkıyor.
Morgen **fährt** Klaus nach Berlin **ab.**
Yarın Klaus Berlin'e doğru yola çıkıyor.

Klaus fährt nach Berlin ab.

## 6. Soru sormak

Ja veya nein ile cevap verebileceğiniz soruları bu şekilde kurabilirsiniz:

| | |
|---|---|
| **Wohnt** Klaus jetzt in Berlin? | Klaus şimdi Berlin'de mi **oturuyor?** |
| **Hat** er früher in Hamburg **gewohnt**? | Daha önce Hamburg'da mı **oturuyordu?** |

Belli bilgilere yönelik sorular, bir *soru kelimesi* ile başlar. Bütün sorularda kelime sırasının aynı olduğunu not edin:

| | |
|---|---|
| **Wo** wohnt Klaus jetzt? | Klaus şimdi **nerede** oturuyor? |
| **Woher** kommt Bettina? | Bettina **nereden** geliyor? |
| **Wohin** fährt der Zug? | Tren **nereye** gidiyor? |
| **Wann** kommt Iris? | Iris **ne zaman** geliyor? |
| **Wer** ist das? | Bu **kim?** |
| **Wie** geht es Ihnen? | **Nasılsınız?** |
| **Wie alt** ist Anja? | Anja **kaç yaşında?** |
| **Wie spät** ist es bitte? | **Saat kaç** lütfen? |
| **Warum** kommt sie nicht? | **Neden** gelmiyorlar? |
| **Was** macht sie? | **O, ne** yapıyor? |

| | |
|---|---|
| **Wohnt** Klaus jetzt in Berlin? | Klaus şimdi Berlin'de mi **oturuyor?** |
| – Ja. / Ja, er wohnt in Berlin. | – Evet. / Evet, Berlin'de oturuyor. |
| **Wo** wohnt Klaus jetzt? | Klaus şimdi **nerede** oturuyor? |
| – In Berlin. / Er wohnt jetzt in Berlin. | – Berlin'de. / O, şimdi Berlin'de oturuyor. |

## 7. Birisinden bir şey yapmasını istemek

İstek, rica ve önerileri bu şekilde ifade edebilirsiniz.
Burada kişilere du, ihr veya Sie olarak hitap edeceğinizi karar vermeniz lazım:

| → du | → ihr | → Sie |
|---|---|---|
| **Komm** bitte. | **Kommt** bitte. | **Kommen Sie** bitte. |
| **Gel** lütfen. | **Gelin** lütfen. | **Geliniz** lütfen. |
| **Sieh** mal. | **Seht** mal. | **Sehen Sie** mal. |
| Bir defa **bak.** | Bir defa **bakın.** | Bir defa **bakınız.** |
| **Nimm** doch den Bus. | **Nehmt** doch den Bus. | **Nehmen Sie** doch den Bus. |
| Otobüs ile **gitsene.** | Otobüs ile **gitsenize.** | Otobüs ile **gitsenize.** |

Emir kipinde fiil her zaman cümlenin başında yer alır.

### 8. Bir eşyanın veya kişinin birisine ait olduğunu belirtmek

Birisine bir şeyin ait olduğu bu şekilde söylenir:

| | | |
|---|---|---|
| (ich:) | Das ist **mein** Koffer. | Bu, **benim** bavul. |
| (du:) | Das ist **dein** Koffer. | Bu, **senin** bavul. |
| (er:) | Das ist **sein** Koffer. | O, **onun** bavulu. |
| (sie:) | Das ist **ihr** Koffer. | O, **onun** bavulu. |
| (wir:) | Das ist **unser** Koffer. | O, **bizim** bavulumuz. |
| (ihr:) | Das ist **euer** Koffer. | O, **sizin** bavulunuz. |
| (sie:) | Das ist **ihr** Koffer. | O, **onun** bavulu. |
| (Sie:) | Das ist **Ihr** Koffer. | O, **sizin** bavulunuz. |

Das ist meine Tasche.

Aynı şekilde: Das ist **meine** Tasche. Das **sind unsere** Taschen. etc.

### 9. Pozisyon ve hareket

Bir eşyanın duruyor ve hareket ediyor olması, eşlik eden kelimelerin şekillerini değiştirebilir.

En önemli durumları burada görebilirsiniz:

Der Ball liegt **auf dem** Tisch.
Top, masanın **üstünde.**

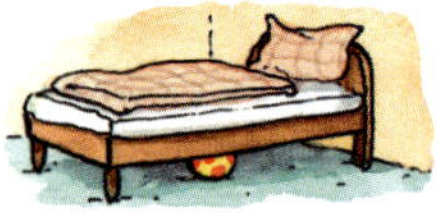

Er liegt **unter dem** Bett.
O, yatağın **altında.**

Er liegt **im** Schrank.
O, dolap**ta.**

Er liegt **vor dem** Fernseher.
O, televizyonun **önünde.**

Er liegt **zwischen den** Büchern.
O, kitapların **arasında.**

Er fliegt **durch das** Fenster.
O, pencere**den** uçarak geçiyor.

Er fliegt **über den** Baum.
O, ağacın **üstünden** uçarakgeçiyor.

Er fliegt **gegen das** Haus.
O, **eve** çarpıyor.

Er fliegt **ins** Meer.
O, deniz**e** uçuyor.

# Wortliste
## Kelime listesi

Bu kelime listesinde bu kitabın bütün kelimelerini ilk defa veya farklı bir anlamda çıktıkları sayfa numarası ile bulabilirsiniz. Kelimeler yalın hallerinde, gerektiğinde çoğul halinde listeleniyor, örn. der Abend, Abende. Biçimleri düzensiz olan fiiller mesela şöyle gösteriliyor: ab·fahren, fährt ab, ist abgefahren. (Yapılar bölümünde sayfa 213 ile karşılaştırın). Ayrıca yalın halleri net bir şekilde anlaşılamayan keilmeler de yer alıyor. Bu durumda kelime metinde yer aldığı şekilde yer alıyor ve yalın hali işaret ediliyor, örn.: abgefahren 170 → abfahren.

İpucu: Bir kelimenin anlamı konusunda tekrar emin olmak istediğinizde, kelimenin yanında belirtilen sayfaya gidin ve kelimeyi o sayfada bulun. Gerekirse tekrar ilgili bölümün özetinde de bakabilirsiniz.

**A**

**B**

## E

## F



## G

## H

## I



## J

## M



## N

## O



## P



## Q



## R

## S

## T

## Z

# Lösungen
Çözümler

### Erste Begegnung mit der deutschen Sprache

**10** **B** 7 **C** 3 **D** 8 **E** 1

### Kapitel 1

**3** B

**4** B–4 C–6 D–7 E–2 F–1 G–5

**6** **A** *Guten* **B** *Bahnhof* **C** *Euro* / *bitte* **D** *Danke* / *Wiedersehen*

**10** **a.** *Zum Flughafen*, bitte. **b.** *Zum Hotel* „Leopold", bitte. **c.** *Zur Post*, bitte. **d.** *Zum Bahnhof*, bitte.

### Kapitel 2

**3** B

**4** B–1 C–5 D–2 E–6 F–3 | G–9 H–10 I–8 J–11 K–7

**6** **B** *Zug* / *Uhr* / *Gleis* **C** *spät* **D** *Moment* **E** *Tasche* / *Danke schön* **F** *Reise*

**9** **b.** *zehn* **c.** *nach* **d.** *fünf* **e.** *vor*

### Kapitel 3

**3** A

**4** B–4 C–1 D–6 E–3 F–2 | G–9 H–11 I–7 J–8 K–10

**6** **A** *Ihnen* **B** *vorstellen* **C** *Freut mich* / *Woher* **D** *komme* / *schön*

**9** **b.** *aus Syrien* **c.** *aus Russland* **d.** *aus der Türkei* **e.** *aus Thailand*

**10** Örnek: Mein Name ist *Guido Westerwelle*. Ich komme aus *Deutschland*.

### Kapitel 4

**3** A

**4** B–5 C–2 D–1 E–4 | F–9 G–8 H–7 I–10 J–6

**6** **A** *Apfelsaft* **B** *essen* / *Hähnchen* **C** *Brötchen* / *bitte* **D** *Appetit!* **E** *schmeckt*

**10** **a.** *Ich hätte gern eine Suppe.* **b.** *Ich hätte gern einen Salat.* **c.** *Ich hätte gern ein Eis.* **d.** *Ich hätte gern einen Kaffee.*

### Kapitel 5

**3** B

**4** B–5 C–1 D–7 E–2 F–4 G–3 | H–9 I–12 J–13 K–8 L–11 M–10

**6** **A** *Abend* **B** *Einzelzimmer* / *hätten* **C** *Nächte* **D** *oder* / *Bad* **E** *Frühstück* / *nehmen* **F** *Schlafen*

**10** **a.** *Lieber ohne Internetanschluss.* **b.** *Lieber mit Dusche.* **c.** *Lieber ohne Toilette.* **d.** *Lieber mit Fernseher.*

## Rückblick A

1 **a.** Guten *Morgen*. **b.** Guten *Tag.* **c.** Guten *Abend* **d.** Auf *Wiedersehen*. **e.** Gute *Nacht*.

2 **a.** *der Flughafen* **b.** *die Tasche* **c.** *das Taxi* **d.** *der Zug* **e.** *die Suppe* **f.** *das Hähnchen* **g.** *der Kaffee* **h.** *die Dusche* **i.** *das Eis* **j.** *der Fernseher* **k.** *die Toilette* **l.** *das Gleis*

3 **b.** Richtig **c.** Falsch **d.** Richtig

4 B–5 C–4 D–1 E–6 F–2

5 **B** 2 **C** 2 **D** 1 **E** 2

6 B–5 C–4 D–6 E–7 F–2 G–1

7 **b.** *sieben* **c.** *zwei* **d.** *sechs* **e.** *elf* **f.** *vier* **g.** *zwölf*

8 **b.** Falsch **c.** Richtig **d.** Richtig **e.** Falsch

9 **B** 2 **C** 1 **D** 2 **E** 1 **F** 2

## Kapitel 6

3 A

4 B–5 C–1 D–7 E–6 F–2 G–4 | H–10 I–11 J–12 K–8 L–9

6 **A** *Handy* / *Formular* **B** *Wie* / *Name* **C** *buchstabieren* / *Vorname* / *Familienname* **D** *Adresse / Hamburg* **E** *Unterschrift* **F** *Kasse*

## Kapitel 7

3 B

4 B–1 C–2 D–5 E–4 F–3 | G–8 H–9 I–7 J–11 K–12 L–10

6 **A** *Sie* / *helfen / bitte* **B** *Geldautomat* / *kommt* **C** *kein* / *ein* **D** *bekommen* / *Fahrkarten* **E** *wo* **F** *dort* / *Geld* / *Vielen*

9 Das ist ein Fernseher. Das ist kein *Computer*. | Das ist eine Waschmaschine. Das ist keine *Spülmaschine*. | Das ist ein Kochbuch. Das ist kein *Wörterbuch*.

## Kapitel 8

3 B

4 B–6 C–5 D–2 E–1 F–3 | G–12 H–13 I–11 J–8 K–7 L–10 M–9

6 **A** *Bruder* / *heißt* **B** *wer* / *Schwester* **C** *alt* / *wohnt* **D** *Ihre* / *meine* **E** *das* **F** *bin* / *süß*

9 A–3 B–1 C–2

10 A–4 B–1 C–2 D–3

## Kapitel 9

3 A

4 B–6 C–1 D–7 E–2 F–5 G–4 | H–12 I–11 J–14 K–15 L–9 M–8 N–10 O–13

6 **A** *Fünf* / *Äpfel* **B** *kosten* / *Euro* **C** *geben* / *Hier* **D** *Sie* / *heute* / *brauche* **E** *alles* / *Kilo* **F** *Vorsicht* / *Problem*

8 **a.** *ein Apfel* **b.** *drei Kartoffeln* **c.** *eine Banane* **d.** *drei Bananen* **e.** *drei Äpfel* **f.** *eine Kartoffel*

9 **1.** r **2.** r **3.** f **4.** r **5.** f **6.** r **7.** r **8.** f **9.** f **10.** r **11.** f **12.** f

## Kapitel 10

**3** A

**4** B–4 C–2 D–6 E–1 F–3 | G–14 H–13 I–7 J–11 K–12 L–10 M–8 N–9

**6** **A** *Bus / weg / Minute / pünktlich* **B** *warte / bestimmt* **C** *Leider / Wochenende* **D** *richtig / Stunde* **E** *Straßenbahn / Fährt* **F** *gerade / prima*

**9** **a.** Es ist 13:17. **b.** Es ist 14:16. **c.** Es ist 18:15. **d.** Es ist 19:14. **e.** Es ist 18:16.

**11** **b.** 33 (dreiunddreißig) **c.** 44 (vierundvierzig) **d.** 55 (fünfundfünfzig) **e.** 66 (sechsundsechzig) **f.** 77 (siebenundsiebzig) **g.** 88 (achtundachtzig) **h.** 99 (neunundneunzig)

## Rückblick B

**1** **a.** *bin / komme / wohne* **b.** *ist / kommt / wohnt*

**2** **a.** Vorname: *Per* Familienname: *Blume* Straße *Hauptstraße* Nummer *34* Postleitzahl *33647* Ort: *Bielefeld*
**b.** Vorname: *Clara* Familienname: *Merk* Straße: *Moselstraße* Nummer: *18* Postleitzahl: *54290* Ort: *Trier*

**3** **a.** *mein* **b.** *Ihre / Sie* **c.** *Ihr / Er* **d.** *meine / Sie*

**4** **a.** 2 **b.** 4 **c.** 1 **d.** 5 **e.** 3

**5** **a.** 1 / 3 = Richtig **b.** 1 / 2 = Richtig **c.** 1 / 2 = Richtig **d.** 2 / 3 = Richtig

**6** **2.** a **3.** c **4.** a **5.** b **6.** b

**7** **b.** *Birnen* **c.** *Apfel* **d.** *Äpfel* **e.** *Formular* **f.** *Formulare* **g.** *Zug* **h.** *Züge* **i.** *Brötchen* **j.** *Brötchen* **k.** *Taxi* **l.** *Taxis*

**8** **a.** *sind* **b.** *ist* **c.** *ist* **d.** *sind* **e.** *ist* **f.** *sind* **g.** *ist* **h.** *sind*

**9** **A** 1 **B** 2 **C** 1 **D** 2 **E** 2 **F** 1

**10** B–3 C–6 D–8 E–7 F–4 G–1 H–2

**11** **b.** *Woher* **c.** *Wo* **d.** *Wer* **e.** *Wie alt* **f.** *Wie spät* **g.** *Wann* **h.** *Was*

## Kapitel 11

**2** B

**3** B–5 C–1 D–6 E–3 F–4 | G–8 H–10 I–7 J–11 K–9 L–12

**5** **A** *Hallo* **B** *Hast / Zeit / lerne* **C** *lernt / Kannst / kann / spielen* **D** *spielt / habe / halb* **E** *Treffen* **F** *Tschüs*

**9** **a.** 1 **b.** 2 **c.** 1

## Kapitel 12

**2** A

**3** B–7 C–5 D–8 E–3 F–1 G–9 H–2 I–4 | J–11 K–14 L–10 M–15 N–17 O–12 P–13 Q–16

**5** **A** *Wohnung / Anzeigen* **B** *Quadratmeter / teuer* **C** *groß / günstig* **D** *Balkon / wichtig* **E** *Vermieter / anrufen* **F** *besichtigen / mitkommen*

**8** **a.** Falsch **b.** Richtig **c.** Falsch **d.** Richtig **e.** Richtig

**9** **a.** 2 **b.** 2 **c.** 1 **d.** 1 **e.** 2

## Kapitel 13

**2** B

**3** B–4 C–6 D–7 E–2 F–1 G–3 | H–12 I–15 J–8 K–16 L–17 M–11 N–14 O–10 P–9 Q–13

**5** **A** *gehen* **B** *einmal / gleich* **C** *krank / Regen* **D** *Wetter / Sommer / Ende* **E** *Sonne / Meer* **F** *schnell / regnet*

**9** **a.** 1 **b.** 2 **c.** 1 **d.** 2 **e.** 2

## Kapitel 14

**2** B

**3** B–5 C–7 D–2 E–6 F–4 G–3 H–1 | I–13 J–15 K–10 L–11 M–9 N–16 O–12 P–14

**5** **A** *Reisebüro* / *Stelle* **B** *Job* / *zufrieden* / *selbstständig* **C** *Kunden* / *meiste* / *gebe* **D** *Internet* **E** *tun* / *Urlaub / Angebote* **F** *Prospekt* / *Euro*

**8** **a.** 3 **b.** 1 **c.** 2

## Kapitel 15

**2** A

**3** B–5 C–1 D–6 E–8 F–3 G–2 H–4 | I–12 J–13 K–15 L–17 M–10 N–16 O–11 P–9 Q–14

**5** **A** *Hausaufgaben* / *Buchstaben* / *Lehrer* **B** *weg* / *finden* **C** *Büchern* **D** *Klasse* / *Kugelschreiber* **E** *Wirklich?* / *benutzen* **F** *einkaufen* / *draußen*

**8** **a.** 3 **b.** 3 **c.** 2

## Rückblick C

**2** **a.** **2.** Richtig **3.** Falsch **4.** Richtig **5.** Richtig
**b.** **1.** Richtig **2.** Falsch **3.** Richtig **4.** Richtig **5.** Falsch

**3** **b.** *Kannst* **c.** *Arbeitest* **d.** *Spielst* **e.** *Musst* **f.** *Gehst* **g.** *machst*

**4** April *4* Juli *7* Januar *1* Dezember *12* September *9* März *3* Juni *6* November *11* Februar *2* Oktober *10* August *8* Mai *5*

**5** **b.** *lernen* **c.** *haben* **d.** *Wollt* **e.** *Arbeitet* **f.** *Spielt* **g.** *baden*

**6** **b.** *1* **c.** *2* **d.** *3* **e.** *6* **f.** *5*

**7** **b.** *habe ich* **c.** *geht es* **d.** *lerne ich* **e.** *kann man* **f.** *scheint die Sonne* **g.** *fahren wir*

**8** Dienstag *2* Samstag *6* Donnerstag *4* Sonntag *7* Freitag *5* Mittwoch *3*

**10** Anzeige 1: **a.** Falsch **b.** Richtig **c.** Richtig
Anzeige 2: **a.** Falsch **b.** Falsch **c.** Richtig

**11** B–5 C–4 D–6 E–1 F–2

**12** **b.** *das Wetter* **c.** *die Wohnung* **d.** *der Arbeitsplatz* **e.** *das Geld* **f.** *der Urlaub*

## Kapitel 16

**2** B

**3** B–7 C–4 D–9 E–1 F–8 G–2 H–6 I–10 J–5 | K–15 L–19 M–17 N–12 O–18 P–11 Q–13 R–20 S–14 T–16

**5** **A** *lese* / *Frage* **B** *Bett* **C** *Möbel* / *groß* **D** *breit* / *Meter* / *klein* **E** *hoch* / *Leute* / *sehen* **F** *Viertel* / *zu Hause* / *Wiederhören*

**8** **a.** Falsch **b.** Richtig **c.** Richtig **d.** Falsch **e.** Falsch **f.** Richtig **g.** Falsch **h.** Richtig

## Kapitel 17

**2** B

**3** B–7 C–5 D–1 E–9 F–3 G–8 H–2 I–4 | J–14 K–16 L–15 M–17 N–11 O–13 P–10 Q–18 R–12

**5** **A** *Schluss* / *Lokal* / *Hunger* **B** *müde* / *ausgesehen* **C** *kenne* / *Schnupfen* **D** *Mensch* / *Grad* **E** *Doktor* / *Praxis* / *nach Hause* **F** *laufen* / *bestellen* / *Sekunde*

**8** **a.** 1 **b.** 2 **c.** 3

**9** **a.** ☒ **b.** ☐ **c.** ☐ **d.** ☒ **e.** ☒ **f.** ☐

## Kapitel 18

**2** A

**3** B–6 C–7 D–3 E–8 F–2 G–9 H–1 I–4 | J–14 K–17 L–16 M–15 N–13 O–11 P–12 Q–10

**5** **A** *Geschenke* **B** *gekauft* / *CDs* **C** *Großeltern* / *Papier* **D** *Kinder* / *Sohn* / *Film* **E** *Koffer* / *reisen* / *Gepäck* **F** *Freund* / *Lösung* / *Eintrittskarte*

**8** **a.** Falsch **b.** Richtig **c.** Richtig **d.** Falsch **e.** Richtig **f.** Falsch

## Kapitel 19

**2** B

**3** B–6 C–8 D–9 E–7 F–1 G–4 H–5 I–2 | J–13 K–14 L–10 M–16 N–11 O–17 P–15 Q–12

**5** **A** *Schuhe* / *links* / *finde* / *Laden* **B** *anziehen* / *Verkäufer* / *Größe* **C** *Nichts* / *elegant* / *fertig* / *kümmere* **D** *drücken* / *lange* **E** *Farben* / *rot* / *besten* **F** *kaufen* / *Preis* / *kosten*

**8** **b.** *gelb* **c.** *rot* **d.** *blau* **e.** *grün* **f.** *weiß*

**9** **a.** 1 **b.** 2 **c.** 1 **d.** 2 **e.** 1 **f.** 2

## Kapitel 20

**2** A

**3** B–7 C–2 D–6 E–1 F–3 G–9 H–8 I–5 | J–13 K–15 L–10 M–18 N–17 O–11 P–14 Q–16 R–12

**5** **A** *kochen* / *Kühlschrank* **B** *Fleisch* / *riecht* / *verstehe* **C** *Hör* / *laut* / *bedeuten* **D** *Ding* / *Fehler* / *leicht* **E** *Sicher* / *Reparatur* / *weiter* **F** *Geschäft* / *günstig*

**8** **a.** 1 **b.** 2 **c.** 2 **d.** 1 **e.** 1 **f.** 2

## Rückblick D

**2** **a.** Falsch **b.** Falsch **c.** Richtig

**3** **a.** *4* **b.** *6* **c.** 1 **d.** *3* **e.** *5* **f.** *7* **g.** *2*

**4** **a.** *2* **b.** *3* **c.** *1* **d.** *4*

**5** **a.** *aus* **b.** *auf* **c.** *an* **d.** *an* **e.** *aus* **f.** *ein* **g.** *mit*

**7** **b.** *Ihr* **c.** *Ihre* **d.** *Ihr* **f.** *Seine* **g.** *Sein* **h.** *Seine* **i.** *Sein*

**9** **b.** *spielt* **c.** *gekocht* **d.** *tanzt* **e.** *wohnt* **f.** *gespielt* **g.** *kocht* **h.** *getanzt*

**11** **a.** Falsch **b.** Richtig **c.** Falsch **d.** Richtig

**12** B–9 C–6 D–8 E–7 F–3 G–1 H–2 I–5

**13** **b.** *schwimmen* **c.** *kochen* **d.** *ausmachen* **e.** *feiern* **f.** *wehtun*

## Kapitel 21

**2** B

**3** B–4 C–8 D–7 E–2 F–5 G–1 H–6 | I–11 J–15 K–16 L–14 M–9 N–12 O–10 P–13

**5** **A** *Butter* / *Platz* / *frühstücken* **B** *Getränk* / *Glas / Saft* **C** *Hilfe* / *allein* **D** *Salz* / *wenig* **E** *Wohin / Haare* **F** *Kindergarten* / *später* / *eilig*

**8** **a.** ☒ **b.** ☒ **c.** ☐ **d.** ☐

**9** **a.** ☐ **b.** ☒ **c.** ☐ **d.** ☐ **e.** ☒ **f.** ☒ **g.** ☐

## Kapitel 22

**2** A

**3** B–5 C–7 D–8 E–1 F–6 G–2 H–4 | I–12 J–15 K–11 L–16 M–10 N–17 O–13 P–9 Q–18 R–14

**5** **A** *Bild* / *Blume* **B** *bekannt / erlaubt / Schild* **C** *Gruppe* / *Langsam* / *besuchen* **D** *Führung* / *Plan* / *Freizeit* **E** *aufstehen* / *abholen* **F** *Damen* / *Ausgang*

**9** **a.** ☒ **b.** ☐ **c.** ☐ **d.** ☒ **e.** ☒ **f.** ☐

## Kapitel 23

**2** B

**3** B–7 C–1 D–8 E–6 F–2 G–5 H–3 | I–12 J–16 K–13 L–9 M–15 N–11 O–10 P–14

**5** **A** *nie* / *Welt* / *Autobahn* **B** *Gäste* **C** *Hund* **D** *tot* / *Glück* **E** *einsteigen* **F** *Dorf* / *abgeben*

**8** **A 1.** ☒ **2.** ☐ **3.** ☒ **4.** ☐ **B 1.** ☐ **2.** ☒ **3.** ☐ **4.** ☒ **C 1.** ☒ **2.** ☐ **3.** ☒ **4.** ☐

## Kapitel 24

**2** B

**3** B–6 C–7 D–1 E–8 F–3 G–2 H–4 | I–12 J–14 K–16 L–9 M–17 N–11 O–18 P–15 Q–10 R–13

**5** **A** *falsch / Abflug* **B** *Flugzeug / Pässe* **C** *besetzt / Eingang* **D** *dritte / Zoll* **E** *Zigaretten / rauchen* **F** *Opa / willkommen*

**7** *Örnek:* Name: *Merk* Vorname: *Clara* ☒ weiblich Geburtsort: *Trier* Land: *Deutschland* Geburtsdatum: *20.1.1990* Ehemann – Ehefrau – Passnummer: *4130270699* gültig bis: *31.12.2020*

## Kapitel 25

**2** A

**3** B–6 C–1 D–7 E–8 F–2 G–9 H–10 I–5 J–3 | K–14 L–17 M–16 N–11 0–13 P–12 Q–18 R–15

**5** **A** *lustig* / *lachen* / *Baum* **B** *Wörter* **C** *Lehrerin* / *Aufgabe* **D** *Beispiel* / *ankreuzen* **E** *Raum* / *umziehen* **F** *Gespräch* / *legen*

**8** **a.** Falsch **b.** Richtig **c.** Richtig **d.** Falsch **e.** Richtig **f.** Falsch **g.** Richtig

## Rückblick E

**2** Vorname: *Ana* Beruf: *Studentin* Alter: *24* weiblich ☒ Gewicht: *66* Kilogramm Geburtsort / Land: *Alicante* / *Spanien* Sport: *Tanzen*

**3** **2.** *G* **3.** *A* **4.** *H* **5.** *F* **6.** *E* **7.** *C* **8.** *D*

**5** **a.** Richtig **b.** Falsch **c.** Richtig **d.** Falsch **e.** Falsch **f.** Richtig **g.** Falsch **h.** Richtig

**6** **b.** *kommen* **c.** *hat* **d.** *trinkt* **e.** *fährt* **f.** *sieht* **g.** *isst*

**7** B–1 C–7 D–9 E–2 F–3 G–8 H–6 I–5

**9** **b.** *1* **c.** *4* **d.** *6* **e.** *9* **f.** *7* **g.** *3* **h.** *5* **i.** *8*

**10** B–7 C–2 D–9 E–8 F–1 G–4 H–5 I–6

**11** Örnek:

Sehr geehrte *Damen und Herren,*
*ich möchte gern Urlaub in Ihrer Stadt machen. Aber ich habe noch Fragen: Wo kann man günstig übernachten? Können Sie mir ein Hotel oder ein Apartment empfehlen? Meine Hobbys sind Wandern, Schwimmen und Radfahren. Welche Angebote gibt es da? Bitte schicken Sie mir mehr Informationen und Prospekte.*
Mit freundlichen *Grüßen*
*Tanja Lei*

# Lösungen zum Übungstest
## Alıştırma metni için çözümler

### Hören
Teil 1: 1 c, 2 b, 3 b, 4 b, 5 a, 6 c
Teil 2: 7 f, 8 r, 9 f, 10 r
Teil 3: 11 b, 12 c, 13 a, 14 b, 15 a

### Lesen
Teil 1: 1 r, 2 r, 3 r, 4 r, 5 f
Teil 2: 6 a, 7 b, 8 b, 9 a, 10 b
Teil 3: 11 f, 12 r, 13 f, 14 f, 15 r

### Schreiben
Teil 1: 1: Mörfelder Landstr. 118 2: Tasche 3: braun 4: ja 5: 23.04.
Teil 2: Çözüm örnekleri:

| | |
|---|---|
| Sehr geehrte Damen und Herren,<br>mein Name ist … . Im Mai möchte ich in Füssen Urlaub machen und habe diese Fragen: Was kann ich im Mai in Füssen machen?<br>Haben Sie Adressen von Hotels? Wie viel kostet ein Zimmer in einem Hotel (für eine Nacht)? Ich möchte auch Informationen über die Stadt.<br>Mit freundlichen Grüßen | Sehr geehrte Damen und Herren,<br>ich möchte im Mai in Füssen Urlaub machen. Haben Sie Informationen über die Stadt? Ich möchte auch wissen: Welche Hotels gibt es?<br>Was kostet ein Zimmer im Hotel (für eine Nacht)?<br>Viele Grüße |

### Sprechen
Teil 1: Kendinizi tanıtmak için örnekler:

| | |
|---|---|
| Name? | Ich heiße … / Mein Name ist … |
| Alter? | Ich bin … Jahre alt. |
| Land? | Ich komme aus … |
| Wohnort? | Ich wohne in … |
| Sprachen? | Ich spreche … / Ich kann … |
| Beruf? | Ich bin … von Beruf. /<br>Ich arbeite in … / bei … |
| Hobby(s)? | Ich … gern. / Mein Hobby ist … |

Teil 2: Sayfa 208'deki ipuclara bakın.
Teil 3: Sayfa 209'deki ipuclara bakın.

# Hörtexte
## Dinlemeli metinleri

Burada alıştırmalarda ayrıca yazılı olarak gösterilmeyen dinleme metinleri yer alıyor.

### Rückblick A

**8** a.

- ● Entschuldigung.
- ■ Ja, bitte?
- ● Wann fährt ein Zug nach Berlin?
- ■ Nach Berlin? Hmm, Moment bitte. Berlin, Berlin … Ja: Um acht Uhr, Gleis fünf.
- ● Um acht Uhr?
- ■ Ja, um acht Uhr.
- ● Danke schön.

**b.**

- ■ Entschuldigung.
- ● Ja, bitte?
- ■ Wann fährt ein Zug nach Wien?
- ● Moment bitte. Nach Wien: Um fünf Uhr, Gleis drei.
- ■ Um fünf Uhr?
- ● Ja, um fünf Uhr. Gleis drei
- ■ Danke. Fünf Uhr, Gleis drei.

**c.**

- ■ Entschuldigung.
- ● Ja?
- ■ Wann fährt ein Zug nach Stuttgart, bitte?
- ● Nach Stuttgart. Moment. Um zehn vor neun.
- ■ Um zehn vor neun?
- ● Ja, um zehn vor neun.
- ■ Und das Gleis?
- ● Gleis sieben.
- ■ Zehn vor neun, Gleis sieben. Danke schön.
- ● Bitte.

**d.**

- ■ Entschuldigung.
- ● Ja, bitte?
- ■ Wann fährt ein Zug nach Köln?
- ● Nach Köln? Hmm, Moment bitte. Nach Köln … Hier: Um fünf nach zwei, Gleis zwei.
- ■ Um fünf nach zwei?
- ● Ja, um fünf nach zwei.
- ■ Danke schön.

**e.**

- ■ Entschuldigung.
- ● Ja?
- ■ Wann fährt ein Zug nach Leipzig, bitte?
- ● Nach Leipzig. Moment. Um fünf nach fünf.
- ■ Um fünf nach fünf?
- ● Ja, um fünf nach fünf.
- ■ Und das Gleis, bitte?
- ● Gleis neun.
- ■ Fünf nach fünf, Gleis neun. Danke schön.
- ● Bitte.

### Rückblick B

**2** a.

- ■ Wie ist Ihr Vorname, bitte?
- ● Per. P E R.

■ Und der Familienname?
● Blume.
B L U M E.
■ Und die Straße?
● Hauptstraße.
H A U P T …
■ Ja, danke. Die Nummer bitte?
● Vierunddreißig.
■ Postleitzahl?
● Dreiunddreißig – vierundsechzig – sieben.
■ Und dann noch den Ort, bitte.
● Bielefeld.
B I E L E F E L D.
■ Danke.

**b.**

■ Wie ist Ihr Vorname, bitte?
● Clara.
C L A R A.
■ Und der Familienname?
● Merk.
M E R K.
■ Und die Straße?
● Moselstraße.
M O S E L …
■ Ja, danke. Die Nummer bitte?
● Achtzehn.
■ Postleitzahl?
● Vierundfünfzig – neunundzwanzig – Null.
■ Und dann noch den Ort, bitte.
● Trier.
T R I E R.
■ Danke.

## 6 Nummer eins

● Was macht das, bitte?
■ 30 Euro 53.
● 30 Euro 53?
■ Ja, genau. 30 Euro 53.

## Nummer zwei

■ Und was kostet das?
● 19 Euro 95.
■ Was? 90 Euro 95?
● Nein, nein. 19 Euro 95.
■ Ach so. 19 Euro 95.

## Nummer drei

■ Das macht dann 70 Euro 71.
● Oh, so billig? 17 Euro 71?
■ Nein. 70 Euro 71.
● Oh je. 70 Euro 71?
■ Ja, 70 Euro 71, bitte.
● Na ja. Hier bitte.
■ Danke.

## Nummer vier

■ Was kostet der Fernseher?
● 99 Euro 99.
■ 99 Euro 99. Nicht hundert Euro?
● Nein. Genau 99 Euro 99.

## Nummer fünf

● Und das Handy hier, was kostet das?
■ 45 Euro 50.
● Hmm, 45 Euro 50?
■ Richtig. 45 Euro 50.
● Gut. Das Handy nehme ich.

## Nummer sechs

● Nehmen Sie die Tasche?
■ Ja, ich glaube, die nehme ich. Was kostet die?
● Die ist sehr billig: 36 Euro 60.
■ 36 Euro 60? Ja, das ist billig. Hier bitte.
● Zwanzig, dreißig, fünfunddreißig, sechsunddreißig Euro 60. Vielen Dank.

## Kapitel 11

**9** a.

- ● Hallo.
- ■ Hallo Iris, hier ist Lena.
  Wollen wir mal wieder zusammen ins Schwimmbad gehen?
- ● Ja, gern.
- ■ Hast du am Mittwoch Nachmittag Zeit, so gegen 3?
- ● Ja, da kann ich. Also, tschüs, bis Mittwoch um 3 im Schwimmbad.

**b.**

- ● Hallo.
- ■ Hallo Iris, hier ist Lena.
  Wollen wir mal wieder zusammen Fußball spielen?
- ● Ja, gern. Wann denn?
- ■ Geht es am Montag um halb vier?
- ● Leider nicht.
- ■ Und am Dienstag um halb fünf?
- ● Ja, Dienstag halb fünf ist gut.
- ■ Also dann, bis Dienstag um halb fünf.
- ● Ja, tschüs, bis dann.

**c.**

- ● Hallo.
- ■ Hallo Iris, hier ist Lena.
  Wollen wir mal wieder zusammen ins Café gehen?
- ● Ja, gern.
- ■ Geht es vielleicht am Montag?
- ● Nein, da geht es nicht so gut.
  Am Montag spiele ich Fußball.
- ■ Hast du dann vielleicht am Dienstag Zeit, so gegen vier?
- ● Ja, da kann ich gut.
- ■ Also, dann tschüs, bis Dienstag um vier.
- ● Ja, bis dann.

## Kapitel 14

**8** a.

- ● Entschuldigung. Haben Sie eine Minute Zeit?
- ■ Ja, gern.
- ● Bitte erzählen Sie uns: Wo arbeiten Sie?
- ■ Seit vier Monaten habe ich eine Stelle im Hotel.
- ● Ah, im Hotel.
- ■ Ja, im Hotel Arabella.
- ● Und was machen Sie so bei der Arbeit?
- ■ Ich telefoniere die meiste Zeit mit Kunden und schreibe auch die Rechnungen.
- ● Und wie gefällt Ihnen die Arbeit im Hotel?
- ■ Ich bin sehr zufrieden.
- ● Vielen Dank.

**b.**

- ● Guten Tag. Haben Sie eine Minute Zeit?
- ■ Na ja …
- ● Bitte sagen Sie uns: Wo arbeiten Sie?
- ■ Bei einer Bank.
- ● Interessant. Und was machen Sie so bei der Arbeit?
- ■ Die meiste Zeit arbeite ich am Computer und schreibe E-Mails.
- ● Ach, Sie schreiben die meiste Zeit E-Mails?
- ■ Ja. E-Mails sind heute sehr wichtig in der Bank.
- ● Und, gefällt Ihnen der Job?
- ■ Ja, sehr.
- ● Danke schön.
- ■ Bitte schön.

**c.**

- ● Entschuldigen Sie bitte.
  Haben Sie eine Minute Zeit?

- ■ Ja, gut.
- ● Wo arbeiten Sie, bitte?
- ■ In einem Reisebüro.
- ● Das ist ja interessant. Und was machen Sie bei der Arbeit?
- ■ Die meiste Zeit telefoniere ich mit Kunden.
- ● Und – telefonieren Sie gern?
- ■ Oh, ja. Ich telefoniere sehr gern.
- ● Dann gefällt Ihnen diese Arbeit sicher.
- ■ Ja, sehr.
- ● Danke für Ihre Zeit.
- ■ Bitte.

## Kapitel 15

**8** a.

- ■ Gibt es ein Problem?
- ● Ja. Mein Fahrrad ist nicht da.
- ■ Wie? Dein Fahrrad ist weg?
- ● Ja. Ich kann es nicht finden.
- ■ Vielleicht ist es draußen.
- ● Nein, da ist es auch nicht. Wo ist nur mein Fahrrad?

**b.**

- ● Lena!
- ■ Ja?
- ● Wo ist meine Kreditkarte?
- ■ Deine Kreditkarte?
- ● Ja, meine Kreditkarte. Ich kann sie nicht finden.
- ■ Hm. Vielleicht ist sie in deiner Jacke.
- ● Nein, da ist sie nicht. Die Kreditkarte ist weg.
- ■ Nein, die Kreditkarte ist bestimmt nicht weg. Warte mal. Hier ist sie ja!
- ● Oh, danke!

**c.**

- ● Was suchst du? Deine Schuhe?
- ■ Nein, meinen Schlüssel. Ich kann ihn nicht finden. Hast du meinen Schlüssel vielleicht?
- ● Nein, ich habe ihn nicht.
- ■ Wo ist der Schlüssel denn nur?
- ● Vielleicht ist er in der Küche.
- ■ Nein, da ist er nicht.
- ● Oder in deiner Tasche?
- ■ Nein, da ist er auch nicht. – Oh, schau mal: Da ist der Schlüssel ja. In der Jacke!
- ● Na prima!

## Rückblick C

**2** a.

■ Mein Name ist Klaus Meyer.
Ich wohne in Köln.
Von Beruf bin ich LKW-Fahrer.
Ich arbeite wirklich sehr gern in diesem Beruf, er gefällt mir gut.
Leider habe ich im Moment keine Arbeit, ich bin arbeitslos.
Aber ich bekomme sicher bald eine neue Stelle.

**b.**

● Hallo. Ich heiße Iris.
Ich bin 22 Jahre alt und bin Studentin.
Seit zwei Jahren studiere ich in Berlin.
Ich mache gerade ein Praktikum in einem Reisebüro.
Den Arbeitsplatz finde ich sehr interessant.
Ich spreche oft mit Kunden und arbeite auch am Computer.
Leider verdiene ich nicht gut.

200 Euro im Monat sind nicht viel Geld.
Aber ich lerne viel bei dieser Arbeit.

## Kapitel 17

**9**

- ■ Guten Tag Frau Neumann. Wie geht es Ihnen denn heute?
- ● Nicht gut, Herr Doktor …
- ■ Ja, ja, das Fieber ist hoch. Ist das Fieber immer so hoch?
- ● Ja, Herr Doktor.
- ■ Na ja, das ist ja nicht schön …
  Aber bleiben Sie im Bett.
  Das ist wichtig bei Fieber!
- ● Ja, ich bin immer im Bett.
- ■ Und bitte trinken Sie viel!
  Viel trinken ist wichtig!
- ● Ja, das mache ich.
  Ich habe auch viel Durst.
- ■ Gut. Haben Sie auch Hunger?
- ● Nein, ich habe gar keinen Hunger
  Ich kann nicht essen …
- ■ Das ist nicht gut.
  Sie müssen mehr essen.
  Äpfel und Bananen sind gut und …

## Kapitel 19

**9** a.

- ● Die Schuhe sind toll. Findest du auch?
- ■ Ja, finde ich auch.
- ● Also, ich möchte sie gern mal anziehen.
  Soll ich sie mal anziehen?
- ■ Ja klar. Zieh sie mal an!

**b.**

- ● Siehst du den Verkäufer?
- ■ Ja, der ist da hinten. Er kommt schon.
- ● Können Sie mir helfen?
- ▲ Ja, Moment. Ich komme gleich zu Ihnen.

**c.**

- ● Sieh mal hier die Schuhe. Wie findest du die Farbe?
- ■ Oh, die sind ja grün. Grün mag ich nicht.
- ● Mir gefällt die Farbe auch nicht.

**d.**

- ● Kannst du gut laufen in den Schuhen?
- ■ Na ja, schon. Aber der eine Schuh drückt ein bisschen.
- ● Wo denn?
- ■ Hier links am Fuß. Da tut es ein bisschen weh.

**e.**

- ● Die Schuhe da hinten sind nicht schlecht, oder?
- ■ Ja, die gefallen mir auch ganz gut.
- ● Oder findest du sie zu elegant?
- ■ Nein, nein, die sind okay. Ich finde sie ganz gut.

**f.**

- ● Willst du die Schuhe kaufen?
- ■ Ja, die sind wirklich günstig.
- ● Was kosten sie denn?
- ■ 59 Euro und 95 Cent.
- ● Oh, das geht ja.

## Rückblick D

**11**

- ■ Ja bitte?
- ● Hallo. Wir haben gestern telefoniert.
  Kann ich das Sofa sehen?
- ■ Ja, natürlich. Kommen Sie. Da ist es.
- ● Hmm, das sieht ja schön aus. Darf ich?

- ■ Na klar.
- ● Ja, man sitzt wirklich gut. Ich glaube, ich nehme es. Was soll es denn kosten?
- ■ 150 Euro.
- ● 150 Euro? Das ist in Ordnung. Geben Sie mir Ihre Kontonummer? Dann überweise ich das Geld.
- ■ Können Sie nicht bar zahlen?
- ● Ich habe jetzt nur 100 Euro hier. Haben Sie denn kein Konto?
- ■ Doch, natürlich habe ich ein Konto. Aber ich hätte das Geld lieber bar.
- ● Na gut. Ist hier vielleicht ein Geldautomat?
- ■ Ja, gleich an der Ecke. Da ist ein Geldautomat.
- ● Na prima. Dann hole ich das Geld. Bis gleich.
- ■ Bis gleich.

## Kapitel 21

### 9

- ● Möchtest du einen Kaffee?
- ■ Ja, gern!
- ● Mit Milch?
- ■ Ja, bitte.
- ● Viel oder wenig Milch?
- ■ Viel.
  Ich trinke meinen Kaffee gern mit viel Milch.
- ● Nimm dir doch ein Brötchen.
  Und hier ist die Butter.
- ■ Danke.
- ● Nimmst du immer so wenig Butter?
- ■ Ja, ich mag nicht so viel Butter auf meinem Brötchen.
- ● Es ist auch Obst da. Magst du Obst?
- ■ Oh ja, ich esse immer viel Obst zum Frühstück.
- ● Ich auch. Und oft esse ich auch …

## Kapitel 23

### 8 A

- ■ Ahh …
- ● Bist du müde?
- ■ Ja, ich bin wirklich müde.
  Gestern hatte ich einen langen Tag.
- ● Was hast du denn gemacht?
- ■ Erst war ich in der Firma und habe gearbeitet.
- ● Und dann?
- ■ Dann war ich in der Disco bis zwei Uhr.
- ● Aha!

### B

- ● Wo warst du denn gestern?
- ■ Gestern hatte ich keine Zeit. Da war ich auf einer Hochzeit.
- ● Wer hat denn geheiratet?
- ■ Mein Chef. Ganz groß. Es waren hundert Gäste da.
- ● Wo war die Hochzeit denn? Hier in Berlin?
- ■ Nein, in einem Dorf bei Hamburg.
  Mein Chef kommt von dort.
- ● War es schön?
- ■ Oh ja, sehr schön!

### C

- ● Gestern Abend hatte ich ein Problem.
- ■ Ach ja? Was war denn?
- ● Ich hatte Gäste und keine Getränke. Ich hatte wirklich nichts zu trinken zu Hause.

■ Und, was hast du da gemacht?
● Zum Glück habe ich einen Kiosk in der Nähe. Da habe ich Getränke geholt.

### Rückblick E

**5**

■ Mein Name ist Jan Lehmann.
Ich bin am einundzwanzigsten Januar neunzehnhundertfünfundachtzig in Stuttgart geboren.
Die Schule habe ich von neunzehnhunderteinundneunzig bis zweitausendeins besucht.
Danach habe ich in Stuttgart und Ulm gearbeitet.
Am dreizehnten März zweitausendacht habe ich geheiratet.
Meine Frau heißt Silvia.
Wir haben einen Sohn und eine Tochter.
Seit dem ersten November zweitausendelf arbeite ich bei einer Firma in Augsburg.
● Ich heiße Michaela Müller und bin Lehrerin.
Am siebzehnten Juni neunzehnhundertsechsundachtzig bin ich in Berlin geboren.
Nach der Schule habe ich in Hamburg Deutsch und Englisch studiert.
Das war von zweitausendfünf bis zweitausendneun.
Am siebzehnten August zweitausendzehn habe ich geheiratet.
Wir haben noch keine Kinder.
Seit dem ersten Februar zweitausendzwölf habe ich eine Stelle an einer Schule in Hannover.
Die Arbeit gefällt mir sehr gut.

## Übungstest

### Hören Teil 1

**0**

● Guten Abend. Was kann ich für Sie tun?
■ Haben Sie Zimmer frei?
● Ja. Zwei Einzelzimmer oder ein Doppelzimmer?
▲ Ein Doppelzimmer bitte.
● Mit Bad oder mit Dusche?
▲ Mit Bad, bitte.
● Für eine Nacht?
■ Ja, für eine Nacht.
● Das macht 70 Euro, mit Frühstück.
■ Gut, das nehmen wir.

**1**

● So, wir sind da.
Wir können aussteigen.
Aber wo ist mein Handy? Ich glaube, ich habe es im Büro vergessen!
■ Vielleicht ist es doch irgendwo in deiner Tasche. Ich kann dich ja mal von meinem Handy anrufen.
● Ja, mach das.
Oh, ich höre es schon, danke.
Da liegt es ja, im Auto. Hier, sieh mal.

**2**

- ● Wann fahren wir eigentlich in Urlaub? Am achten April?
- ■ Nein, das geht nicht. Da hast du ja noch Schule.
- ● Ach ja, das ist richtig; leider.
- ■ Wir fahren zehn Tage später, am achtzehnten.
- ● Oh! Erst am achtzehnten. Und wann sind wir wieder zurück?
- ■ Am achtundzwanzigsten.
- ● Oh, super. 10 Tage Urlaub!

**3**

- ● Hallo, Udo, wollen wir mal wieder zusammen Fußball spielen?
- ■ Ja, gern. Wann kannst du denn?
- ● Morgen, so um Viertel nach zwei.
- ■ Geht es vielleicht auch 15 Minuten später, so um halb drei?
- ● Ja, das geht auch. Also, bis morgen, um halb drei dann.
- ■ Ja, gut, dann bis morgen.

**4**

- ● Guten Tag, Frau Sommer. Sie sehen gut aus!
- ■ Danke, Herr Koch. Mir geht's auch sehr gut. Ich hatte Urlaub.
- ● Und wo waren Sie?
- ■ Zuerst war ich eine Woche zu Hause und dann noch am Meer. Und Sie?
- ● Ich? Ich war mit meiner Familie in den Bergen. Es war fantastisch!

**5**

- ● Entschuldigen Sie, wissen Sie, wo es hier in der Nähe eine Post gibt?
- ■ Ja, Moment. Hier in der Bahnhofstraße ist keine.
- ● Vielleicht im Bahnhof?
- ■ Nein, da ist auch keine. Aber vor dem Bahnhof ist eine kleine Post.
- ● Das ist ja dann gar nicht weit. Danke.

**6**

- ■ Lars, kannst du bitte einkaufen gehen? Wir brauchen Milch und Brot.
- ● Mama, soll ich auch Brötchen kaufen?
- ■ Ja, natürlich. Komm aber bitte schnell wieder nach Hause. Ich habe Hunger!
- ● Ja, ich auch.

## Hören Teil 2

**0**

- ● Liebe Hotelgäste, hier eine Durchsage. Morgen gibt es einen Ausflug nach Neuschwanstein.
  Bitte geben Sie Ihre Anmeldung an der Information ab.
  Für den Ausflug sind noch Plätze frei. Bitte kommen Sie zur Information.

**7**

- ■ Liebe Fahrgäste, willkommen in Frankfurt Hauptbahnhof.
  Hier Ihre nächsten Anschlüsse:
  Zug nach Hanau um 20.31 auf Gleis 9. Auf Gleis 8 wartet noch der Intercity nach Hannover.
  Ich wiederhole: Zug nach Hanau, um 20.31 auf Gleis 9, und Intercity nach Hannover auf Gleis 8.

**8**

● Liebe Kunden, es ist jetzt 20 Uhr 45. Wir schließen um 21 Uhr unser Geschäft, also in 15 Minuten. Bitte gehen Sie jetzt zur Kasse. Vielen Dank für Ihren Einkauf. Wir wünschen Ihnen einen schönen Abend.

**9**

■ Fluggast Meyer, angekommen aus Sarajewo mit dem Anschluss nach Riga, wird sofort zum Schalter Nummer 5 gebeten. Herr Meyer, kommen Sie bitte zu Schalter Nummer 5.

**10**

● Achtung. Eine Durchsage für unsere Kunden:
Der Fahrer des Autos mit der Nummer B-MK- eins – sechs – sechs soll bitte zu seinem Auto vor dem Geschäft kommen. Ich wiederhole: Der Fahrer des Autos mit der Nummer B-MK- eins – sechs – sechs bitte sofort zu seinem Auto.

## Hören Teil 3

**11**

■ Hallo, Maria. Hier ist Jürgen.
Du, ich glaube, die Waschmaschine ist noch an.
Kannst du bitte einmal nachschauen und sie dann ausmachen?
Danke. Bis gleich.

**12**

● Hallo, Claudia. Hier ist Wolfgang.
Tut mir leid, ich komme ein bisschen später.
Ich muss noch zur Post.
Kannst du bitte im Café an der Post warten?
Danke, dann bis gleich im Café.

**13**

■ Guten Tag. Hier ist die Praxis von Dr. Staufenbiehl.
Unsere Praxis ist ab dem siebzehnten August wieder geöffnet, wie immer täglich ab 9 Uhr.

**14**

● Guten Tag Herr Müller. Hier ist Anja Bayer von der Stadt München. Ihr Ausweis ist fertig. Sie können ihn ab Montag abholen. Am Mittwoch ist Feiertag, da haben wir leider geschlossen.

**15**

■ Hallo, Klara, hier ist Anna.
Ich muss leider heute Abend arbeiten und kann nicht zu deinem Geburtstag kommen.
Außerdem geht es Niko nicht gut, er hat Fieber.
Tut mir sehr leid.
Aber vielleicht können wir uns am Wochenende sehen.
Bis bald.

# QUELLENVERZEICHNIS

**Seite 7:** 1 © iStockphoto/sjharmon; 2 © panthermedia.net/Ursula Jacobs; 3 © fotolia/Lsantilli; 4 © Hotel Leopold, München; 5 © Getty Images/Bloomberg News; 6 © panthermedia.net/Matthias Krüttgen; 7 © digitalstock; 8 © Werner Bönzli, Poltringen | **Seite 8:** © www.cartomedia-karlsruhe.de | **Seite 9:** *oben von links* © panthermedia.net/Toni Anett Kuchinke; © bildstelle/McPhoto; *unten von links* © dpa Picture-Alliance/Bildagentur Huber/R.Schmid; © Your Photo Today/Karl Thomas | **Seite 12:** von oben © fotolia/Lsantilli; © Getty Images/Bloomberg News; © digitalstock | **Seite 13:** *links von oben* © iStockphoto/xyno; © EZB; rechts von oben © Heribert Mühldorfer; © irisblende.de | **Seite 17:** oben © panthermedia.net/Alexander Jahnke; *Mitte von links* © Deutsche Post AG; © Hotel Leopold, München | **Seite 18:** *von oben* © dpa Picture-Alliance/Arno Burgi; dpa Picture-Alliance/Stephan Rumpf | **Seite 19:** oben © Deutsche Bahn AG/Roland Horn; *unten von links* © Deutsche Bahn AG/Claus Weber; © ullstein bild/Heilke Heller; © iStockphoto/stevenallan | **Seite 24:** *von oben* © Deutsche Bahn AG/Roland Horn; © colourbox.com | **Seite 25:** Hintergrund © iStockphoto/Steve Cash; Personen © MHV/Kiermeir; Karte © www.cartomedia-karlsruhe.de | **Seite 29:** *von oben* © www.cartomedia-karlsruhe.de; © Getty Images/Photodisc | **Seite 30:** *von oben* © panthermedia.net/JCB Prod; © panthermedia.net/Zsolt Nyulaszi | **Seite 31:** oben © bildstelle/Ernst Wrba; Saft © fotolia/GuS; Hähnchen © digitalstock; Pommes © fotolia/Laura Jeanne; Brötchen © fotolia/seen | **Seite 35:** *oben von links* © fotolia/Stocksnapper; © fotolia/Fatman73; © fotolia/Michael Muhr; © fotolia/victoria p. | **Seite 36:** *von links* © dpa Picture-Alliance/schroewig/Bernd Oertwig; © Thomas Spiessl, München; © irisblende.de; © iStockphoto/ImagesbyTrista | **Seite 37:** *oben* © irisblende.de; *Mitte von links* © iStockphoto/Soubrette© fotolia/Taffi; *unten von links* © pitopia/Anne Katrin Figge; © panthermedia.net/Dieter Möbus; © iStockphoto/BirdImages | **Seite 41:** Dusche © iStockphoto/domin_domin; Toilette © fotolia/ChantalS; Symbol © cliparts101.com; Fernseher © iStockphoto/Arsty | **Seite 42:** *von links* © panthermedia.net/Danny Auenmüller; © fotolia/Damelio | **Seite 44:** a © panthermedia.net/Alexander Jahnke; b © iStockphoto/stevenallan; c © iStockphoto/xyno; d © Deutsche Bahn AG/Claus Weber; e © fotolia/victoria p.; f © digitalstock; g © fotolia/Stocksnapper; h © iStockphoto/domin_domin; i © fotolia/Michael Muhr; j © iStockphoto/Arsty; k © fotolia/ChantalS; l © ullstein bild/Heilke Heller | **Seite 47:** *von oben* © Werner Bönzli, Poltringen; © ddp images/dapd | **Seite 49:** *oben* © mauritius images/Radius Images; *Mitte von links* © Werner Bönzli, Poltringen; © iStockphoto/Andyd; © iStockphoto/milosluz; *unten* © fotolia/shoot4u | **Seite 53:** 1 © iStockphoto/g_studio; 2 © iStockphoto/Juanmonino; 3 © fotolia/mars; Formulare © Werner Bönzli, Poltringen | **Seite 54:** © Werner Bönzli, Poltringen | **Seite 55:** *oben* © Heribert Mühldorfer; *Mitte von links* © irisblende.de; © fotolia/p!xel 66; © irisblende.de; *unten* © colourbox.com | **Seite 59:** oben von links © digitalstock; © iStockphoto/dkgilbey; © MHV/Kiermeir; Mitte *von links* © fotolia/Sashkin; © panthermedia.net/Ingram Vitantonio Cicorella; © MHV/Kiermeir; *unten von links* © digitalstock; © iStockphoto/dkgilbey; fotolia/Sashkin; © panthermedia.net/Ingram Vitantonio Cicorella; © MHV/Kiermeir (2) | **Seite 60:** © irisblende.de | **Seite 61:** © Werner Bönzli, Poltringen | **Seite 66:** © panthermedia.net/Monkeybusiness Images | **Seite 67:** *oben* © irisblende.de; *zweite Reihe von links* © fotolia/Denis Dryashkin (2); © fotolia/amlet; © iStockphoto/jerryha; *dritte Reihe von links* © iStockphoto/ZoneCreative; © panthermedia.net/tom scherber; *vierte Reihe von links* © iStockphoto/ZoneCreative; © fotolia/Foto-Ruhrgebiet; © iStockphoto/ranplett; © fotolia/felinda **Seite 72:** *von links* © iStockphoto/robas; © iStockphoto/sjlocke; © fotolia/Jürgen Fälchle | **Seite 73:** *oben* © dpa Picture-Alliance/Haas, Robert; *unten von links* © Werner Bönzli, Poltringen; © iStockphoto/grahamheywood | **Seite 77:** Uhren © Werner Bönzli, Poltringen**Seite 78:** MHV/Archiv | **Seite 79:** © fotolia/Stefan Körber | **Seite 85:** *oben* © fotolia/sonya etchison; *unten von links* © iStockphoto/1001nights; © iStockphoto/dennysb; © iStockphoto/urbancow **Seite 89:** *Mitte von links* © panthermedia.net/Thomas Lammeyer; © digitalstock; © iStockphoto/miss_pj; © iStockphoto/Image_Source; *unten* © fotolia/Patrizia Tilly | **Seite 91:** *oben* © panthermedia.net/Design Pics; *Mitte* © MHV/Kiermeir (2); *unten links* © fotolia/pics | **Seite 94:** *von links* © fotolia/HamsterMan; © Werner Bönzli, Poltringen | **Seite 95:** © MHV/Kiermeir | **Seite 97:** *oben* © panthermedia.net/Barbara Neveu; *Mitte von links* © fotolia/Oliver Hirte; © panthermedia.net/Walter J. Pilsak; © fotolia/Stas Perov; *unten von links* © fotolia/Jose Ignacio Soto; © fotolia/Michael Neuhauß; © iStockphoto/Trout55 | **Seite 101:** Frühling © panthermedia.net/Hanns-Joachim Recksiek; Sommer © panthermedia.net/Meseritsch Herby; Herbst © iStockphoto/AVTG; Winter © panthermedia.net/Daniel Schoenen; Regenbogen © fotolia/Oleg Korovenko | **Seite 103:** *oben* © ullstein bild/Ex-Press/Grasser; *Mitte von links* © imago/Rust; © Volkmar Schulz/Keystone Pressedienst; © MHV/Kiermeir; *unten von links* © iStockphoto/galdzer; © iStockphoto/FDS111; © panthermedia.net/Sebastian John | **Seite 107:** © MHV/Kiermeir (3) | **Seite 109:** *oben* © Gary Rhijnsburger/Masterfile; *Mitte von links* © iStockphoto/NIELSEN73; © iStockphoto/phant; © digitalstock; *unten von links* © digitalstock; © fotolia/Christian Schwier; © fotolia/Ingo Bartussek | **Seite 113:** *oben von links* © iStockphoto/zentilia; © MHV-Archiv; © iStockphoto/Gewoldi; *Mitte von links* © fotolia/Julián Rovagnati; © iStockphoto/grajte; © panthermedia.net/Andreas Münchbach | **Seite 115;** *von oben* © Werner Bönzli, Poltringen; © fotolia/Peter Atkins | **Seite 121:** *oben* © fotolia/wibaimages; *Mitte von links* © iStockphoto/IrvStock; © iStockphoto/vicnt; © iStockphoto/3dimentii; *unten von links* © iStockphoto/Qwasyx; © Werner Bönzli, Poltringen (2) | **Seite 125:** *oben von links* © fotolia/by-studio; © panthermedia.net/Sylvia Kersting; © fotolia/Michael Möller; © fotolia/Sternstunden; *unten von links* © iStockphoto/arsenik; © iStockphoto/jaroon; © panthermedia.net/Toni Anett Kuchinke; © fotolia/Zeit4men; © fotolia/PANORAMO.de | **Seite 127:** *oben* © fotolia/nyul; Mitte von links © iStockphoto/spfoto; © fotolia/st-fotograf; © iStockphoto/ollo; *unten von links* © imago/imagebroker; © iStockphoto/SchulteProductions; © Werner Bönzli, Poltringen | **Seite 131:** © iStockphoto/shironosov | **Seite 133:** *oben* © iStockphoto/Demid; *Mitte von links* © panthermedia.net/Ursula Deja-Schnieder; © MHV/Kiermeir (2); © fotolia/tavi, *unten von links* © ADAC Verlag; © fotolia/adisa; © iStockphoto/bholland; © MHV/Kiermeir | **Seite 137:** *von links* © colourbox.com; © iStockphoto/craftvision; © iStockphoto/webphotographeer | **Seite 139:** *oben* © colourbox.com; *Mitte von links* © fotolia/Andres Rodriguez; © panthermedia.net/Michael Jakobi; © fotolia/Biboimage; *unten von links* © iStockphoto/skodonnell; © fotolia/fefufoto; © EZB | **Seite 143:** *oben von links* © fotolia/Yuri Osadchi; © iStockphoto/ZoneCreative; © iStockphoto/ranplett; *unten von links* © fotolia/NatUlrich; © iStockphoto/hidesy; © iStockphoto/Jitalia17 | **Seite 144:** © fotolia/Pavel Losevsky | **Seite 145:** oben © action press/Creaps; *Mitte von links* © fotolia/photocrew; © fotolia/Giuseppe Porzani; © fotolia/Tomo Jesenicnik; *unten von links* © iStockphoto/varela; © fotolia/Kurhan; © panthermedia.net/Bernd Kröger | **Seite 155:** *von oben* © iStockphoto/Juanmonino; © fotolia/Janina Dierks; © iStockphoto/skynesher | **Seite 157:** *oben* © panthermedia.net/Robert Kneschke; *Mitte von links* © fotolia/seite3; © fotolia/Igor Link; © iStockphoto/ManuWe; *unten von links* © fotolia/asmik; © iStockphoto/bluestocking; © iStockphoto/mm88 | **Seite 161:** *oben von links* © iStockphoto/gilas; © fotolia/Ideenkoch; © panthermedia.net/Wong Sze Fei; © fotolia/Seewald; *unten* © panthermedia.net/Robert Kneschke; | **Seite 162:** © iStockphoto/pressdigital | **Seite 163:** *oben* ©Bayrische Staatsgemäldesammlungen/Haydar Koyupinar; *Mitte von links* © panthermedia.net/JCB Prod; © MHV/Kiermeir; © dpa Picture-Alliance/Diemer Steffen; *unten von links* © fotolia/mrfotos_fotolia; © iStockphoto/schmidt-z | **Seite 167:** © panthermedia.net/Manfred Stöger | **Seite 169:** *oben* © Getty Images/The Image Bank/Stuart Paton; *Mitte von links* © fotolia/Tyler Olson; © panthermedia.net/Claus Lenski; © iStockphoto/StephanHoerold; *unten von links* © panthermedia.net/Peter Hansen; © iStockphoto/Rolphus; © fotolia/Sushi King | **Seite 173:** *oben von links* © Pitopia/David Büttner; © panthermedia.net/Christoph Hähnel; © fotolia/suzesizu; © panthermedia.net/Horst Zwiefelhofer; A © iStockphoto/asiseeit; B © iStockphoto/webphotographeer; C © iStockphoto/RichVintage | **Seite 174:** © fotolia/pix4U | **Seite 175:** *oben* © Werner Hennies/Flughafen München GmbH; *Mitte von links* © fotolia/Andrew Barker; © iStockphoto/Pgiam; © fotolia/Kaarsten; *unten von links* © ddp images/dapd; © fotolia/Uros Petrovic; © fotolia/Julián Rovagnati | **Seite 180:** © imago/imagebroker | **Seite 181:** *oben* © iStockphoto/bonniej; *Mitte von links* © panthermedia.net/James Steidl; © iStockphoto/raclro; © fotolia/graefin2502; *unten von links* © MHV/Kiermeir; © panthermedia.net/Patricia Hofmeeste; © panthermedia.net/Peter Mautsch | **Seite 186:** © iStockphoto/CEFutcher | **Seite 188:** *von oben* © panthermedia.net/Wolfgang Behm Dr. Peter Fischer; © iStockphoto/mangostock | **Seite 191:** © fotolia/crimson

Buch +4 CD 24,99



+4CD
vorne + hinten